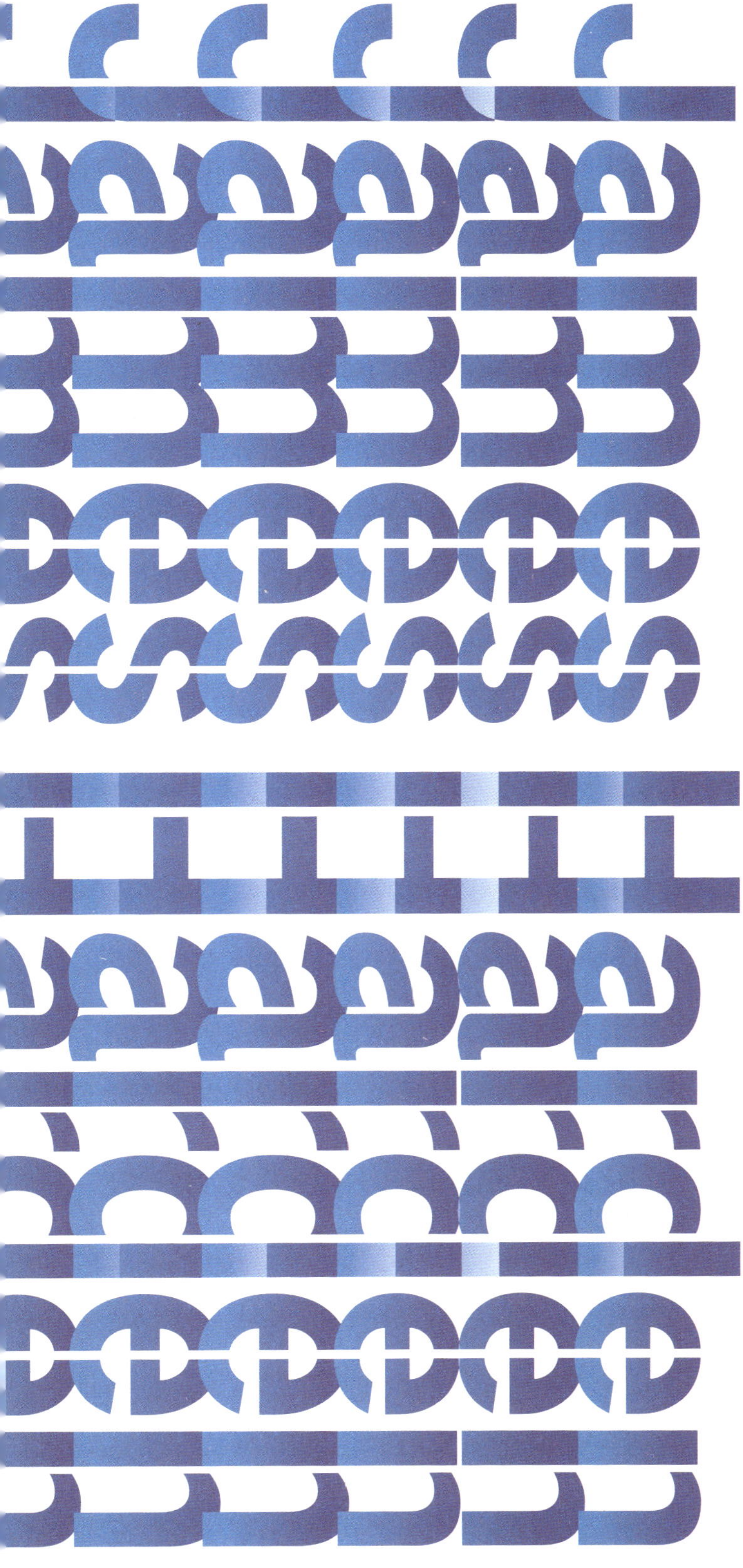

魔球时代

我是詹姆斯·哈登

纪念版

直笔巨献

姚麦◎著

北京时代华文书局

图书在版编目（CIP）数据

魔球时代：我是詹姆斯·哈登 / 姚麦著 . — 北京：北京时代华文书局，2022.7
ISBN 978-7-5699-4634-5

Ⅰ . ①魔…　Ⅱ . ①姚…　Ⅲ . ①詹姆斯·哈登－事迹　Ⅳ . ① K837.125.47

中国版本图书馆 CIP 数据核字 (2022) 第 126521 号

魔球时代：我是詹姆斯·哈登

Moqiu Shidai：Woshi Zhanmusi Hadeng

著　　者 | 姚　麦

出 版 人 | 陈　涛
选题策划 | 董振伟　直笔体育
责任编辑 | 马彰羚
执行编辑 | 王振强　刘亚妮
责任校对 | 凤宝莲
装帧设计 | 程　慧　迟　稳
责任印制 | 訾　敬

出版发行 | 北京时代华文书局 http://www.bjsdsj.com.cn
北京市东城区安定门外大街 138 号皇城国际大厦 A 座 8 层
邮编：100011　电话：010-64263661　64261528
印　　刷 | 小森印刷（北京）有限公司　010 - 80215073
（如发现印装质量问题，请与印刷厂联系调换）
开　　本 | 710 mm×1000 mm　1/16　　印　　张 | 15　　字　　数 | 224 千字
版　　次 | 2022 年 8 月第 1 版　　印　　次 | 2022 年 8 月第 1 次印刷
书　　号 | ISBN 978-7-5699-4634-5
定　　价 | 70.00 元

本书图片由视觉中国提供。

开篇
詹姆斯·哈登：万花筒里最耀眼的宝石

在万花筒的世界里，彩纸碎片会绽放出奇异的花朵，纤细丝线能变化为跳跃的舞者，马鬃鸟羽可编织成富丽的唐卡，而如果你把一颗宝石放进万花筒呢？

社交媒体时代的体育明星就像是镶嵌在万花筒里的宝石，在多重反射光的作用下，绽放出十倍甚至百倍的绚丽光彩。而詹姆斯·哈登尤为独特，他的大胡子仿佛自带标签，可以在社交媒体里进行“病毒式传播”，他如同万花筒里最耀眼的那颗宝石，无论组合变化成何种图样，你都能一眼看见他。

“走到哪里都是——啊，那是大胡子！”刚刚出名的时候，哈登有一次半真半假地抱怨，“几岁的小孩都在说：‘爸爸妈妈，看那个胡子。’”

但他看起来并不讨厌这样。

12岁的时候，詹姆斯·哈登在上学之前给母亲留了一张纸条，上面写着：**“你能不能在7点叫我起来，还有能给我几块钱吗？留着这张纸吧，我会成为巨星。”**十几年后，这张纸条变成了球鞋广告的主打概念，而**“我会成为巨星”**成了阿迪达斯为哈登推出的签名球鞋的名称。

哈登从耐克转投阿迪达斯，收获了2亿美元的代言费。他跟口力（Trolli）软糖签下合约，联合推出大胡子造型软糖和“最有价值胡子”球星卡。他发明了一种新的语言，只在亲密好友之间使用。他的母亲声称“雷霆队不希望他闪耀，但他离开后就成了巨星”，也正是他的母亲，掌管了哈登“豪宅”的准入权。他的恋爱谈得举世皆知，带给全美国将近8个月如同真人秀一般的实况娱乐。那些球队为了得到他不惜一切代价，但当他转头离开时，却不必给予他们半分留恋。

万花筒旋转再旋转，宝石映出的图案变为视觉上的华彩乐章，在某个瞬间的某些形态，会被大珠宝商制作为值得珍藏的宝物。詹姆斯·哈登成为MVP（最有价值球员），连续三年荣膺得分王，他有着属于自己的不可磨灭的闪耀时刻。

得分对哈登来说很容易，但胜利和领导力并非如此。雷霆队把他的重要性排在杜兰特和威斯布鲁克之后，而火箭队全心全意地爱他、支持他，可他却始终没有做到在更衣室服众。虽然如此，但他已经是一流的巨星，在某些语境下，人们甚至会把他和乔丹相提并论。

但他还差一个总冠军，他只差一个总冠军。

哈登非常执着，他始终坚持着自己认为正确的做法，但他也会感到不安。在某些特别脆弱的时刻，他会对媒体承认："我很有天赋，但万一我没有那么有天赋呢？我很聪明，但万一我没有那么聪明呢？"他会想许多"如果"，如同每一个没能走到应许之地的巨星一样，他会问自己："离开雷霆队是不是一个错误的决定，如果我还在俄克拉荷马城，那我们是不是早就夺冠了？"

万花筒不会回答，它只是持续旋转，宝石在其中不停旋转，继续在绚丽的色彩和图样中熠熠生辉。

HARDEN
13

目录

CONTENTS

PART 1

幸运男孩　冉冉之星

PART 2

俄城三少　遗憾英豪

PART 3

休城猎杀　崭新世界

PART 4
登峰造极　独步天下

PART 5
抗击王朝　咫尺天涯

PART 6
再上征途　费城寻梦

PART

James

1

Harden

幸运男孩
冉冉之星

梦想，一张字条

JAMES HARDEN

第1章

“‘幸运’，吃晚饭啦！”

蒙佳·威利斯站在门口，她拥有一头浓密的黑色卷发，1.75米的身高，性格爽朗，总是面带笑容，尽管生活并不总是笑脸相迎。

作为一位单亲家庭的母亲，蒙佳要抚养三个孩子，“幸运”是最小的那一个，此时此刻，四岁的他正在院子里练习投篮，院子中的篮筐是蒙佳在“幸运”两岁的时候买回来的，可以根据孩子的年龄调节高度，现在已经放置到高中生才适用的高度，但“幸运”还是能投进，并且用的是左手。

“好的，妈妈，再给我十分钟。”“幸运”擦了擦额头上的汗，回应着蒙佳的呼唤。

十分钟最终变成了半小时，桌上的饭菜已经微凉，“幸运”才恋恋不舍地拿着球往回走。手中的球是他的伙伴，他总是随身携带，睡觉的时候也放在身边，“幸运”怕和别人的球弄混，就在上面写下了自己的名字——**James Harden**。

哈登的全名是詹姆斯·爱德华·哈登二世，这个姓名来自他的生父老哈登，但哈登一直拒绝在书写名字时加上“二世”，因为除了血缘关系外，他与生父基本上没有联系，老哈登因为贩毒多次入狱，虽然哈登在篮球场打响名头后，老哈登去过现场观战，但哈登不愿与生父相认。

“父亲总是在监狱进进出出，我们根本没有在一起生活过，我完全无法信任他。是妈妈把我们带大的。”哈登说。

1989年8月26日，哈登出生在洛杉矶，蒙佳将他称为“幸运”，因为在哈登出生前，蒙佳曾两次流产，她很担心这个孩子能否平安降临，所以在哈登顺利降生时，**蒙佳是怀着感恩之心迎接她的第三个孩子的。**

洛杉矶，繁华的大都市，阳光、海滩、好莱坞，而这些与小时候的哈登都没有关系，他只是出生在那里而已。南加州的康普顿才是哈登长大的地方，那里是美国枪击案发生频率最高的地区，社区被危险的气息笼罩。

“那里非常危险，当哈登还是婴儿的时候，我带着他出门，就看见一桩枪击案，”蒙佳说，“除了枪声，你还经常会听到警车和救护车的声音，帮派、毒品、骚乱、纵火，十分混乱。但我是三个孩子的母亲，我要保护他们。”

运动，这是蒙佳为孩子们选择的远离危险的最佳方式，用体育活动去充实他们的闲暇时间，避免混迹于街头沾染上不良习气。哈登两岁的时候就收到了蒙佳送给他的篮球与篮筐，开始接触篮球，四岁时就去了社区一所小学的篮球队试训，教练看到哈登时感到有些诧异。

“女士，你搞错了吧，我看报名单上写着这个孩子才四岁，我们这支球队的球员都是六七岁的，他太小了。”教练对蒙佳说。

“教练，他是小了一些，但他会投篮。”蒙佳笑着说。

教练给了哈登机会，四岁的哈登投得有模有样，但在接下来的跑步环

节，哈登却拒绝参加，因为他有一些哮喘的症状，并且体型稍胖，对于体能训练比较排斥。

“教练，抱歉，我们可能没有准备好。”蒙佳只好带着哈登离开篮球馆，但她没有放弃运动这个目标，很快又把哈登送到了棒球场，棒球教练看中了哈登，因为这个孩子有着超过同龄人的臂展，而且投球很棒。哈登就这样开启了自己的棒球生涯，他是一垒手，还是投手，也可以胜任外场手，打得相当不错，九岁的他上了加州一家报纸的棒球栏目，成为当地的一位小棒球明星了。

但是，哈登的心中还是有着篮球梦，他会在参加棒球训练和比赛之余，自己去钻研篮球技术，没有人教，就是边看录像边琢磨要领，然后在院子里日复一日地练习。

11岁的时候，哈登做出了一个决定，他对蒙佳说：“妈妈，我想打篮球。”

蒙佳很惊讶，因为哈登在棒球场上表现很棒，为什么突然要去打篮球，但她并不想打击儿子的积极性，只是担心还会像七年前那样无功而返。

“你真的准备好了吗？”蒙佳问。

“妈妈，相信我，这次一定没问题。”哈登说着，就拉着蒙佳来到社区的一个公园，那里有一处篮球场，在里面打球的都是高中生或者成年人。哈登加入了进去，他是所有人中最小的，却将对手打得落花流水，运球的节奏、投篮的准度让蒙佳大吃一惊。

“哈登那时候从未接受过专业的篮球训练，没有人手把手传授他篮球技巧，他自己看了很多NBA（美国职业篮球联赛）球员的比赛，学会了控球、传球和投篮，又结合了自己的想法，他就是喜欢打篮球，热爱这项运动。”蒙佳说。

在哈登自学篮球的那段日子里，他学习的榜样是洛杉矶湖人队球星科比·布莱恩特。2000—2001赛季总决赛，洛杉矶湖人队与费城76人队交锋，看完比赛后，哈登做了一个音乐盒，将两支球队的队标，还有当时报纸上关于总决赛的报道，贴在音乐盒上面，打开盒子，音乐自动响起，里面是科比的照片。

15年后，已经是NBA球星的哈登，将这个音乐盒拿到了即将退役的科比面前，科比很开心地在上面签了名。蒙佳一直收藏着那个音乐盒，现在装上电池还能使用，它记录着哈登篮球征途的起点。

“那是我最喜欢的东西之一。”蒙佳说。

在蒙佳诸多有关篮球的珍藏里，还有一张小字条。那是哈登12岁时写的，有着少年的单纯，也有着少年对未来的憧憬。

“妈妈，你能在七点叫醒我吗？你能给我几块钱吗？留着这张字条吧，我会成为巨星。”

蒙佳第一眼看到这张字条时并没有在意，给哈登留下了一些零花钱，然后将字条放在了一边。许多年后，当哈登已经成为NBA全明星球员后，蒙佳回到老房子，收拾房间的时候，很意外地发现那张字条还在。

“我把那张字条好好地保存了下来，放在相框内，然后拿给哈登看，他看过之后笑了，那张字条让我们想起很多以前的事情，想起他走过的路。”蒙佳说。

绝活，汉堡宝藏

JAMES HARDEN

第 2 章

ROCKETS

2017年夏天，莱斯大学体育教师办公室，梳着一头利落短发，穿着校篮球队T恤的斯科特·佩拉正在整理自己的物品，他刚刚从助理教练晋升为主教练，更换了办公区。

在佩拉的办公桌上，堆着杂志、球鞋和玩偶，还有一本相册。杂志的封面是穿着休斯敦火箭队13号球衣的球员，球鞋是13号球员的签名鞋，玩偶是独特的大胡子造型。佩拉随手翻开相册，里面是他与一位少年的合影，那个男孩子身材很高大，面庞青涩，身上穿着球衣的号码也是13号。

电话响了起来，佩拉拿起手机，传来了他非常熟悉的声音。

“教练，你上任的新闻发布会是在周六吗？我一定去。”哈登在电话那头说。

几天之后的新闻发布会现场，哈登早早就赶了过来，他为此修改了商业活动的行程和训练计划，只为能够到场支持自己的恩师。

也许，不只是恩师那么简单，佩拉对于哈登来说是篮球场上的父亲，是他的人生导师。

“那天的发布会，哈登来了，他享受其中，我能看得出来，他是真心为我感到高兴，能够与他一直保持这样的关系，我感到骄傲。”佩拉说。

佩拉与哈登的相遇开始于阿蒂西亚高中，这座坐落在加利福尼亚州莱克伍德市的学校，以浓郁的学术氛围和丰富的人文精神享誉当地。蒙佳在为哈登选择高中的时候，挑中了阿蒂西亚高中，她第一次到学校拜访，就被“时代会变，价值观不会”的校训所吸引，蒙佳相信这所学校能够让她的孩子具备优秀的意志品质。

佩拉当时是阿蒂西亚篮球队的教练。哈登第一次来试训的时候表现并不好，他的投篮、运球和传球都不错，但有一个很明显的缺点，那就是体形偏胖，而且因为哮喘，他的爆发力和体力都有限，如果只是打那种短时间的街头篮球，哈登可以用技巧弥补身体上的缺陷，能打得很棒，甚至击败比他年龄更大的球员，可一旦进入系统的、对抗强度更大的五对五全场攻防，哈登体能不足的软肋就会暴露。

在看过哈登的试训后，佩拉本想放弃这个孩子，但随后发生的事情，让他改变了主意。哈登在试训后没有走，他留在了球馆加练，佩拉就在旁边看着，哈登练了两个多小时，原本就不充沛的体能已经透支，但他还是坚持把自己设定的投篮计划完成了。

“说实话，在那次试训前我并没有听说过哈登，而且在那次试训中，哈登也并不出众，绝对不是当天表现最好的孩子，”佩拉说，“但他非常刻苦，愿意为了打好比赛而付出努力，我看到了他对篮球的热爱，这一点很重要。”

佩拉将哈登留在了球队，随着了解的加深，佩拉发现了这位少年身上的篮球天赋，这种天赋让佩拉意识到如果给予正确的引导，哈登可能会在篮球领域有所成就。

“想成为优秀的篮球运动员，必须有天赋，而天赋包含很多内容，”佩拉说，“哈登非常聪明，他的篮球智商极高，是我25年执教生涯中教过的球员里头脑最灵活的，你传授给他的技术动作和战术打法，他一学就会，还能举一反三，这种领悟力和创造力能让他在竞争中脱颖而出。”

佩拉决定将哈登作为重点培养对象，他为哈登量身定做了训练计划，但计划能否顺利执行有一个关键因素，就是哈登的投入程度。当时哈登还在打棒球，篮球馆和棒球场两头跑，佩拉认为这样兼顾难以实现“专而精”，哈登必须做出取舍。

“我知道你在篮球和棒球上都很有天赋，但你现在必须做出选择，放弃其中的一个。”佩拉告诉哈登。

哈登选择了篮球，于是佩拉的计划正式启动，哈登很快就发现了这个计划完成起来并不轻松，佩拉似乎专门针对他，每次训练都对他大吼大叫，批评起来毫不留情，经常当着全队的面将哈登骂得不知所措。

哈登很沮丧，他不知道自己究竟哪里做得不对，甚至产生了放弃的想法，他与蒙佳聊了自己在篮球队的遭遇，令哈登惊讶的是，妈妈告诉他，这是教练和她商量好的。

“教练告诉我，他觉得你太腼腆了，打球太无私，与队友分享球当然不是坏事，但你的表现有点接近于不敢承担责任，”蒙佳说，“教练希望能够唤醒你的侵略性，他对我说：‘需要给这个孩子一些压力，要严格地鞭策他，哈登起初会有反抗情绪，可能会不喜欢教练，但只要他坚持下去，就会看到自己的进步。’”

蒙佳让哈登了解了佩拉的想法，并对哈登提出要求：在学校之外要听妈妈的话，在篮球场一切服从教练的安排，只要教练说得对，就必须听从并执行。

佩拉在锻炼哈登意志品质的同时，还要重点改善哈登的体能状况。佩拉为哈登安排了跑步训练，这是哈登最不喜欢的，开始的时候他非常挣扎，跑一会儿就容易疲劳，但佩拉一点情面都不讲，必须保质保量完成任务，蒙佳也坚决支持佩拉的方案。

随着训练的深入，哈登的耐力有了显著的提高，更令哈登没有想到的是，他的哮喘症状渐渐消失了，连佩拉也无法解释这个意外的收获。

“我不是医生，对于哮喘的治疗并不了解，但哈登的症状确实消失了。”佩拉说，“他起初比其他球员更容易累，但我要求他坚持训练，他的母亲也支持我。他有些不想做，但随着时间的推移，他克服了身体上的困难，我们继续前进。”

刚到阿蒂西亚篮球队时的哈登，角色定位是投手，随着他的身体条件越来越好，佩拉认为投手的定位会限制哈登的发展，哈登应该打得更有侵略性，去进攻篮筐，走上罚球线，而不是只在中远距离出手。

佩拉打造了一套被称为“汉堡训练法”的特训攻略，具体来说，这其实是师徒之间的小赌局，两人约定如果哈登在一场比赛中的罚球数量达到6个，佩拉就给哈登买汉堡或者比萨，若是低于6个，哈登就要接受冲刺跑的惩罚。

“这是一种激励方式，让他知道走上罚球线的重要性，不要把自己局限在投手的角色中，”佩拉说，“这个训练法真见效了，他逐渐开始获得越来越多的罚球，这归功于我们的小赌局。”

赚取罚球的前提是制造犯规，这就要求进攻者具备身体对抗能力，能够在与防守者有身体接触的情况下完成投篮动作，佩拉为了帮助哈登在这个领域取得突破，又设计出“超级上篮训练法”。

“就是我拿着一个护具，当他上篮的时候，用护具去撞击他，给他的上篮制造对抗力，让他的出手变得困难，这样做可以让他学会如何在身体遭遇冲击的情况下处理球，怎样在接触中让对手犯规。”佩拉说。

在日复一日的训练和比赛中，从最开始哈登对佩拉的抵触，到双方成为能够交心的师徒。哈登非常感激教练为他辛苦地付出，他只能以不懈的努力作为回报。哈登早上六点就来到学校，这样可以在上课之前先训练一段时间。放学后，哈登会在球馆一直练到晚上，直到球馆必须关灯才离开。

佩拉的培养为哈登打下了坚实的体能和技术基础，他变得强壮有力，拥有了更快的速度和更好的弹跳力，练出了假动作、欧洲步和急停跳投，这些是哈登在未来创造辉煌的根基。

“年轻球员总是喜欢练一些花哨的动作，但佩拉教练不让我将时间浪费在那些动作上，他帮助我将最基础的技术学透，基本功的高低能够决定球员的上限，”哈登说，“教练的作用太大了，没有他的指导，就没有我的今天。”

第3章

冠军，星耀加州

JAMES HARDEN

HARDEN
13

在阿蒂西亚高中体育馆的墙壁上，悬挂着一个大大的相框，里面有一件13号球衣，墙上还有一套壁画，记录着该件球衣的主人，从高中到大学，再到NBA和美国国家队的发展历程。

“能够在母校留下属于自己的印记，这是我的荣幸。”哈登在高中球衣退役仪式上说。

“13”这个数字在西方文化中并不是很受欢迎，但哈登从高中开始就一直用这个号码，这是因为他加入校队的时候，只有两个号码可以选择，13号和50号，哈登选了13号，这个号码伴随了他19年，直到他加盟费城76人队才改穿1号，因为76人队的13号球衣已经封存（属于传奇中锋威尔特·张伯伦）。

2003年是哈登开启高中篮球生涯的一年，也正是在这一年，勒布朗·詹姆斯进入NBA，詹姆斯是典型的年少成名，从高一开始就叱咤风云、万众瞩目，而刚刚进入高中篮坛的哈登，与“未来之星”“少年英才”等词汇毫无关系。

“如果我说那时候就看出哈登未来能进NBA，还能成为全明星球员，那我纯属胡说。”佩拉说。

佩拉发现了哈登的天赋与潜能，并制订了培养计划，但计划的执行需要时间，它不是电脑程序，只要输入就能运行。哈登在高一的时候还处于强化体能与技术的阶段，即便是专业人士，也无法预知这个孩子是否真的可以在篮球之路上取得成功。

高一时的哈登去参加了德鲁联赛，这是洛杉矶一个非常有名的非职业篮球赛事，给不同年龄段的球员提供组队较量的机会，每到夏天的时候，也会有NBA的球员参与其中，科比·布莱恩特、勒布朗·詹姆斯等球星都在休赛期打过德鲁联赛。

迪诺·斯迈利是德鲁联赛的总监，他回忆起少年哈登的表现：“他当时并不出众，不具备现在那些技术，欧洲步上篮、后撤步三分球都还没有练出来。他的身体状态也不好，没有那种轮廓分明的体形，有点胖却不壮。”

水平不够，又没有其他方法，唯有靠不断训练，哈登将自己上课之外的大部分时间投入到篮球训练上，为此还曾惹出麻烦。有一个女学生的家长找上门来，向蒙佳投诉哈登用球砸了女同学，蒙佳很惊讶，因为哈登是个比较腼腆的人，在学校从不惹是生非，怎么会打人？

在询问过哈登后，蒙佳才得知真相，她哭笑不得："那个女孩想找哈登约会，但他不想去，只想待在球馆里训练，女孩一直缠着他，他不知道该怎么办，慌慌张张地用球砸了人家。我告诉他，专心训练是好事，但他的做法不对，应该向女同学道歉。那时候的哈登满脑子都是篮球，对于其他事情都不怎

么感兴趣。”

功夫不负有心人，哈登在高一赛季进行到一半的时候，终于获得了首发机会，很快他就迎来了篮球之路上的一个重要时刻，在对阵雷东多联合高中的比赛中完成了压哨绝杀，这次绝杀让哈登看到了苦练的成果。

“完成了那记绝杀，对于哈登来说是个重大的转折点，也增强了我对他的信心，他作为一名新生敢于在关键时刻挺身而出接管比赛，已经证明了他不惧大场面。”佩拉说。

这个绝杀令哈登坚定了自己的目标，在高一赛季结束后，哈登和同学们一起填写未来计划表，表格上有A、B、C三个选项，哈登填了同样的内容——成为NBA球员。蒙佳看到这份表格觉得不妥，因为“成为NBA球员”，对于大多数孩子来说是很难做到的。哈登应该准备多个选项，若是这条道路走不通，还有另外的路。

对于母亲的建议，哈登拒绝了：**“妈妈，我没有其他的备选计划，我就要去NBA打球。”**

哈登的倔强让蒙佳很意外，她之前并未从教练或者其他渠道听到这个孩子有可能打NBA的预测，但蒙佳选择相信她的“幸运”，尊重儿子的梦想。

“哈登很坚定，就是要进NBA，我告诉他，树立目标很容易，但实现目标非常难。他应该知道怎样做，要为自己的未来负责，要加倍努力。”蒙佳说。

教练量身定做的训练计划，哈登废寝忘食地勤学苦练，两方面相结合推动着他不断向前。哈登在高二赛季场均得到13.2分，帮助阿蒂西亚高中打出28胜5负的战绩。在高三赛季，哈登以场均18.8分、7.7个篮板、3.5次助攻的表现，带队打出33胜1负的成绩，获得了州冠军。

就在夺冠后不久，佩拉告诉了哈登一个消息，他得到了去亚利桑那州立大学担任助教的邀请，对于一位高中教练而言，能去NCAA（全美大学体育协会）一级联盟球队执教是非常好的机会，但佩拉有些犹豫，他刚刚将球队带上州冠军的领奖台，亲手培养起来的弟子哈登已经开始获得关注，进入“五星高中生”的行列，他在这个时候离队是不是不太合适？

哈登的一席话，打消了佩拉的顾虑。

“至今回想起来，那个场景如在眼前，”佩拉说，“我们站在球场边，我告诉哈登，我获得了一个机会，虽然我不想离开他，但确实无法陪伴他度过高中最后一个赛季了。他对我说：‘教练，接受邀请吧，无论你去哪里，我也会去的。’那时候他高三，还有一年毕业（美国高中四年制），一般情况下优秀的高中球员会从高三开始挑选大学，而他直接给了我承诺，这对于我来说有着非同一般的意义。”

虽然没有了佩拉的陪伴，但哈登并没有停下追逐梦想的脚步，他在高中最后一个赛季场均得到18.8分、7.9个篮板、3.9次助攻，率队卫冕州冠军，并入选全美高中生最佳阵容第二阵容。

在获得两连冠的同时，哈登还在另一个全美瞩目的比赛中打响了名头，他参加了在拉斯维加斯举行的阿迪达斯超级锦标赛，这是AAU（业余体育联合会）的重点赛事，全美高中的篮球精英在此集结，比赛中的佼佼者将成为NCAA一级联盟球队追逐的目标。

这次天才少年云集的比赛，给了哈登展示才华的机会，他在与迈克尔·比斯利的对决中砍下34分，佩拉的“汉堡训练法”此时已经取得了显著效果，该场比赛中哈登19次走上罚球线。随后在与休斯敦的一支AAU球队的较量中，哈登贡献33分。在哈登的带动下，他效力的AAU球队Pump-N-Run队一路过关斩将，获得了冠军。

曾带领UCLA（加利福尼亚大学洛杉矶分校）夺取1995年NCAA总冠军的名帅吉姆·哈里克是Pump-N-Run队的主教练，在目睹了哈登单核率队夺冠的历程后，哈里克相信自己发现了一位将拥有光明前途的球员。

“这个孩子正走在通往梦幻般篮球生涯的路上，”哈里克说，“我曾执教过一些在NBA有出色表现的后卫，在我看来，哈登会进入这个行列。他在训练中没有丝毫的懈怠，勇于承担关键球，组织进攻时能做出正确的选择，这孩子前途无量，我很少用这样的评价，但他确实配得上。”

WESTBROOK
0
35

PART

James

(2)

Harden

俄城三少 遗憾英豪

燃放，
单骑破敌
JAMES HARDEN

第 1 章

ARIZONA
13
STATE
JAMES HARDEN
2007 2009

当哈登在AAU锦标赛中摧城拔寨时，华盛顿大学（西雅图）主教练洛伦佐·罗姆一直在场边关注哈登的表现，他非常欣赏哈登突破防守的方式，有时候甚至觉得自己在观看时不像是一位教练，更像是一位哈登的球迷。

“那时候我告诉身边的朋友，这个叫哈登的孩子，未来会成为NBA的全明星球员，我称他为‘进攻科学家’。”罗姆说。

五星高中球员是大学球队争抢的目标，有多支NCAA球队向哈登发出邀请，华盛顿大学（西雅图）就是其中之一，篮球名校UCLA也渴望得到哈登，直到几年后，时任UCLA主教练的本·霍兰德仍对没有招募到哈登深感遗憾。

“没有做好招募他的工作，这是我职业生涯中最失望的事情之一。”霍兰德说。

圈内人士普遍认为，哈登会去亚利桑那州立大学，因为他的恩师佩拉在这所学校任教，哈登承诺会追随佩拉，但招募这件事远比表面呈现出的要复杂，高水平球员是稀缺资源，很多学校在人才争夺战中会有一些暗箱操作。

“哈登说过会跟随我，但我不能逼着他这样做，我告诉他，会提前为他了解学校的情况，看看这里适不适合他。”佩拉说。

亚利桑那州立大学主教练赫伯·森德克也与哈登建立了联系，森德克知道佩拉的加入会增加他们得到哈登的可能性，但在哈登正式做出决定之前，亚利桑那州立大学没有必胜的把握。

“没有什么是百分百保证的，”森德克说，“很多人以为我们聘请了佩拉，然后哈登就会来，其实并不是这样。哈登是被很多球队招募的球员，我们需要让他和他的母亲都感到满意，才能得到他。”

亚利桑那州立大学篮球队在NCAA并非强队，他们从未在“疯狂三月”进过全美四强，在哈登加入之前，亚利桑那州立大学10年间只进过一次全美锦标赛。在招募哈登的过程中，亚利桑那州立大学没有球队实力方面的优势，他们主打感情牌。

除了佩拉之外，亚利桑那州立大学还签下了哈登的高中队友德里克·格拉瑟，格拉瑟比哈登大一岁，两人的私交非常好，格拉瑟原本想去南加州大

学，但亚利桑那州立大学抢先一步开出奖学金抢到了格拉瑟，这笔运作成了他们最终得到哈登的关键一步。

“他们在高中的时候形影不离，哈登很聪明，他知道格拉瑟是一位传球优先的控卫，无论从友情还是比赛层面考虑，哈登都愿意和格拉瑟同队效力。”佩拉说。

哈登没有让亚利桑那州立大学的努力白费，他拒绝了多所篮球名校的邀请，恪守自己对佩拉许下的诺言，与高中的恩师重聚。

当哈登在亚利桑那州立大学体育馆首次与全队见面时，队友们对他的第一感觉有些失望。“他看上去有点胖，速度也不是那么快，与传说中那个篮球高手不太相符。”队友杰夫・埃尔斯说。

哈登在高中时期经历了身材从胖到瘦，然后变壮的过程，但他的强壮与传统的肌肉结实并不一样，哈登的核心力量非常强，看起来却有些胖墩墩的，绝对速度也不是很突出。

“我知道自己看起来不是那种身材非常健美的类型，我也不是最快的那一个。”哈登说。

很快，队友发现看上去胖胖的、慢悠悠的哈登，却有着令人大吃一惊的身体对抗能力，精通各种进攻技术，擅长利用假动作欺骗对手，比赛节奏独特，能在快慢切换中撕开对方的防守，而且有着出众的阅读比赛能力，乐于带动队友。

“他的身材和表面上的运动能力，有着很强的欺骗性。”队友泰·阿博特说。

哈登在亚利桑那州立大学的第一个赛季，就以场均17.8分成为队内第一得分手，他占用的出手次数并不多，场均10.9次投篮，效率非常高，投篮命中率53%，三分球命中率41%，他因此入选了太平洋十校联盟第一阵容。哈登有一项数据颇为引人关注，他作为新秀罚了224球，是赛区罚球第二多的球员。

“有两点将哈登与其他球员区别开来，”一直在留意哈登比赛的霍兰德说，“第一是他走上罚球线的能力，第二是他给队友创造机会的水平，他是那种可以作为核心使用的球员。”

在大一赛季结束后，很多经纪人找到了哈登，建议他参加NBA选秀，哈登确实考虑过这件事，他找到了佩拉，向恩师询问意见，佩拉建议哈登再等一年。

“他高中的时候打得很好，但那时候我不能肯定他能进NBA，”佩拉说，“等到大一赛季，哈登已经具备了去NBA的能力了，但我觉得如果他马上就去参加选秀，可能会在‘乐透区’中下段被选中，若是再打一年，就有机会进前五。我给他分析了利弊，他对我说：‘教练，我听你的。’”

在大二赛季到来前的夏天，哈登调整了自己的饮食结构，放弃了以前很喜爱的汉堡等快餐，同时在健身房挥汗如雨，他的体脂率从之前的14%降到了8.5%，变得更加强壮，也更加敏捷。

2008—2009赛季首战，哈登面对密西西比河谷州立大学拿下24分、10次助攻、3次抢断，第三战面对佩珀代因大学哈登贡献33分、12个篮板，第五战遭遇贝勒大学他拿到32分、9个篮板、3次抢断，其中24分来自比赛的最后9分钟，但亚利桑那州立大学的防守表现不佳，贝勒大学在下半场投篮命中率高达57%，亚利桑那州立大学以78：87遭遇赛季首败。

这场失利没有令哈登垂头丧气，而是让他知耻后勇。一天之后，亚利桑那州立大学遭遇得克萨斯大学埃尔帕索分校，哈登进一步提升进攻火力，25投14中，三分球7中6，他拿到40分、8个篮板、4次助攻，率队以88：58大胜对手。“哈登打出了一场非凡的比赛，真是赏心悦目。”森德克教练说。

赛季前16场比赛，哈登带队打出14胜2负的战绩，但随后球队遭遇低谷，5场比赛输了3场，哈登陷入低迷阶段：面对南加州大学时8投0中，只靠罚球得到4分。南加州大学的后卫丹尼尔·哈克特因为对哈登的成功防守，登上了美联社当天NCAA比赛报道的头条。

“我努力让哈登打得不舒服，在避免犯规的前提下，通过身体对抗去干扰他，让他只能用跳投发起进攻，限制他的突破，”哈克特说，“这并不是我一个人的功劳，是全队共同努力的结果，想要防住哈登不能只靠一个人，我只是完成了自己的工作，没有队友们的帮助，我对他的防守并不能奏效。”

遭遇低谷的亚利桑那州立大学需要一场胜利止住颓势，当他们带着两连败来到俄勒冈大学所在地尤金市时，哈登将队友召集到身边，发表了必胜宣言：**“不会有三连败的，请大家相信我，我知道俄勒冈肯定会全力以赴，这里是他们的主场，但胜利一定是我们的。”**

比赛打响后，情况似乎并不像哈登设想的那样，他前9次出手投丢了6次，比赛打了7分钟他才获得第一个运动战进球。那是一记三分球，哈登在大学比赛时已经形成了一种规律，当他的三分球投开的时候，他的表演就开始了。

哈登的第二个进球很快到来，他抢断俄勒冈后卫卡米隆·布朗的长传，慢悠悠地控球推进，然后突然变向用欧洲步切入，突破了眼前的防守人之后，与俄勒冈中锋迈克尔·杜尼根在空中硬碰硬，哈登迎着身高2.08米、体重109千克的杜尼根上篮打进。

哈登在上半场拿到13分，但这只是他的热身阶段。当下半场开始，哈登

先是连进两个三分球，随后单骑闯关从俄勒冈四名球员的合围中冲入禁区，以一个空中悬停闪躲上篮将球送入篮筐。

“大学时期的哈登与高中相比最大的不同，是可以将运动能力融入比赛中，他花了大量时间去改善自己的身体，并将成果带到了赛场上，结合全面的技术，他的综合水平已经突破了NCAA这个层面，哈登需要更高的挑战了。”佩拉说。

下半场比赛中，哈登拿下了23分，11次投篮命中8球，全场21投11中，三分球10中5，罚球10中9，独取36分，亚利桑那州立大学以66：57战胜对手，哈登兑现了赛前的承诺。“当对方球员打出这样一场令人感到恐怖的比赛时，你是赢不了的。”俄勒冈大学主教练欧尼·肯特输得心服口服。

这场比赛是森德克在NCAA执教获得的第300场胜利，教练在场边亲眼看见了哈登的表演，他很庆幸能够拥有这样一位冉冉升起的篮球精英。

“哈登统治了比赛，”森德克说，“当我们需要用胜利止住下滑的排名时，他站了出来接管一切，作为教练，我很幸运能够执教这样一名球员。”

蒙佳也跟随球队来到了客场，转播镜头找到了她，并在字幕上打出了“哈登妈妈”的字样，蒙佳露出了自豪的微笑，**她看到了曾经的小“幸运”已经成长为一名篮球明星，正在将年少时写在字条上的梦想变成现实。**

在2008—2009赛季，哈登场均得到20.1分、5.6个篮板、4.2次助攻、1.7次抢断，带领亚利桑那州立大学自2003年后首次闯入NCAA锦标赛。哈登包揽了太平洋十校联盟得分王与抢断王，以270次罚球位列赛区第一，当选赛区年度最佳球员，入选全美第一阵容。

当2009年夏天到来时，哈登的未来已经在眼前展开，他将踏上新的旅程，将迎接更绚烂的风景，也将面对更激烈的风暴。

“进NBA吧，现在是时候了。”佩拉告诉哈登。

印记，青春之歌

JAMES HARDEN

第2章

THUNDER
OKC

俄克拉荷马雷霆队总经理办公室，一场关于选秀的会议正在举行，球队总经理萨姆·普莱斯蒂手中拿着十几份球探报告。雷霆队拥有2009年选秀的探花签，他们之前两年通过选秀得到了凯文·杜兰特、拉塞尔·威斯布鲁克和塞尔吉·伊巴卡，球队的实力正处在量的积累阶段，普莱斯蒂希望这个探花签能给球队带来质的突破。

但问题是，选谁呢？球探给出了多名候选人，普莱斯蒂有些拿不定主意，他需要更确切的建议。“厄尔，你觉得我们应该选择谁？”普莱斯蒂问道。

厄尔·沃特森是俄克拉荷马雷霆队的控卫，就在一年前，沃特森向普莱斯蒂推荐了威斯布鲁克，这一次普莱斯蒂希望沃特森能够再度慧眼识人。

“选那位来自亚利桑那州立大学的孩子，我看过他和威斯布鲁克一起打球，他并不是那种速度飞快的后卫，但能投篮、能控球、能为队友创造机会，还是一位挡拆专家，非常特别。”沃特森说。

沃特森认识哈登，当年效力UCLA的时候，他曾在洛杉矶的男孩女孩俱乐部见识过当时才10岁的哈登与威斯布鲁克的赛场表现，他觉得这两个孩子很有篮球天赋，所以一直保持着联系，关注着他们的成长。“如果你了解哈登的篮球经历，你就会明白为什么不能错过他。”沃特森说。

虽然有沃特森的力荐，但普莱斯蒂还是有些犹豫，因为球队的王牌球星杜兰特更看好另一位候选新秀，来自戴维森学院的斯蒂芬·库里。库里和哈登是风格截然不同的后卫，他们各有优势，普莱斯蒂难以取舍，这个时候，一个人的看法决定了俄克拉荷马雷霆队的最终选择。

这个人就是俄克拉荷马雷霆队主教练斯科特·布鲁克斯。

“选哈登，我们有威斯布鲁克控球，现在需要二号位球员，这是阵容的薄弱环节。”布鲁克斯说。

2009年6月25日，在纽约麦迪逊广场花园的NBA选秀大会上，俄克拉荷马雷霆队在首轮第三位选中哈登。此时的哈登与两年前相比已经有了很大的变化，身材更加高大，信心更加充沛，面容也大有不同，他在大学期间开始蓄胡子，这成了哈登的标志。

“我觉得留胡子看上去更成熟。”哈登说。

以探花身份进入雷霆队的哈登，立即迎来了对于心态成熟程度的考验，布鲁克斯教练找到了他，宣布了一个令哈登十分意外的决定。

“教练告诉我，球队需要我打替补，这是我没有想到的，我以为自己会是首发二号位，”哈登说，“教练说第二阵容要有一个人率领，而我就是那个人，我接受了这个安排，告诉自己要保持谦逊，继续努力。”

哈登在NBA的新秀赛季起步有些艰难，他的上场时间很零散，这对于习惯依靠控球进入比赛节奏的哈登来说很难，在赛季前11场比赛中他得分都未能上双，这令哈登有些迷茫。

“最开始的时候，我确实是有一点茫然，因为我在大学的时候上场时间很连贯，但在NBA却不一样，坐很久的板凳才会被派上场，球队却希望我一上场就立刻发挥作用，而比赛的节奏飞快，很多时候我还没找到感觉，分配给我的时间就已经用完了。”

2009年11月18日，俄克拉荷马雷霆队客场挑战奥兰多魔术队，这是哈登NBA生涯的第12场比赛，他在之前的两场比赛里合计11投1中，竞技状态很差。布鲁克斯有些担心哈登的情绪，他计划赛前找这位新秀谈一谈。但当布鲁克斯赛前三个小时来到球馆时，却看见哈登正在场上练习投篮。

“哈登，你没事吧？”布鲁克斯走上前问道。

“教练，我没事，我再练会儿。”哈登一边说，一边又扔出了一记三分球，球空心入筐。

机会总是留给有准备的人，在这场比赛中，杜兰特与威斯布鲁克丢失“准星”，两人合计23投7中，三分球6投0中，俄克拉荷马雷霆队首发得分后卫塞福罗萨4投1中。布鲁克斯对于“先发五虎”的表现非常不满，因此他决定给哈登更多的上场时间，**哈登第一次在NBA赛场上单场出战30分钟，他也没有辜负教练给他的机会，14投7中，三分球7中6，贡献24分，打出了他进入NBA以来的最佳进攻表现。**

“这场比赛对于我来说是一次鼓励，”哈登说，“我通过加练来保持自己的状态，我没有自我怀疑，当我把球投进时，就能从中收获信心。”

面对奥兰多魔术队的比赛只是一个开始，俄克拉荷马的青春篮球风暴正在形成。两天之后，俄克拉荷马雷霆队在主场对阵华盛顿奇才队，奇才队拥有阿里纳斯、卡隆·巴特勒与贾米森的“三叉戟组合”，奇才队三人组在比赛中合砍67分，但最终的胜利属于雷霆队，因为他们拥有“三少”，杜兰特35分、威斯布鲁克26分、哈登25分，三人火力全开，击破了奇才队的防线。

第四节结束前6分钟，华盛顿奇才队后卫博伊金斯向右侧传球，哈登抢到身位将球断走，奇才队两名球员在边线执行夹击，哈登迅速用左手从背后一拨，把球传给中路跟进的威斯布鲁克，威斯布鲁克奔袭中送出回传，哈登快下接球劈扣，雷霆队主场发出山呼海啸般的喝彩声。

“这真是令人叹为观止的表演，他们从十岁左右就开始一起打球了，早已经培养出默契。”杜兰特说。

2009—2010赛季，征战NBA三年的杜兰特入选全明星阵容，并成为得分王；“二年级生”威斯布鲁克场均得到16.1分、8.0次助攻的数据，开始向明星阵营迈进；新秀哈登带来了“板凳火力”，三人带领俄克拉荷马雷霆队取得50胜，这支球队之前两年总计赢了43场，哈登的加入让雷霆队从量的积累开始走向质的变化。

2009—2010赛季季后赛首轮，俄克拉荷马雷霆队总比分2：4输给了最终的总冠军洛杉矶湖人队，雷霆队原本有机会将系列赛拖入抢七大战，他们在第六战还剩0.5秒时领先1分，但保罗·加索尔的补篮绝杀改写了“剧本”，雷霆队抱憾出局。

哈登在这个系列赛中表现并不稳定，赢球的两场比赛场均贡献16.5分，投篮命中率54%，输掉的4场比赛只有1场得分上双，命中率仅为28%。作为一名新秀，哈登还需要时间完成他的进化。

“我想赢，因此我会投入更多的努力，希望等到下赛季到来时，我能够做好准备。”哈登说。

2010年休赛期，哈登回到了洛杉矶，与朋友短暂聚了几天之后，哈登就“消失”了，即便是密友也联系不到他，一个朋友不得不给哈登的母亲蒙佳打电话询问其去向。

“他说要去训练。”蒙佳告诉哈登的朋友。

朋友再一次见到哈登是在一座体育馆，哈登刚刚完成了训练，躺在地板上，汗水印出了一个大大的人影。哈登的身上有好几处淤血和红肿，两位身材高大的陪练在一旁气喘吁吁。

“你在做什么？”朋友问。

“做上篮对抗训练，我要让自己更有侵略性。”哈登答道。

经历过新秀赛季的磨炼后，哈登发现自己的投篮命中率出现起伏的主要原因是在对抗中投篮姿势会变形，不但失准而且会错过制造犯规的机会，他在学生时代的强壮，放到NBA还是有些稚嫩，而解决这个问题只有一个方式，那就是苦练。

当2010—2011赛季的季前赛打响，哈登让俄克拉荷马雷霆队的教练组眼前一亮，他在5场比赛中场均得到17分，投篮命中率48%，更令人印象深刻的是哈登场均罚球次数达到了10次，他一次次冲杀禁区，或打进，或制造犯规走上罚球线。美国媒体露天看台体育（Bleacher Report）的记者布兰登·杰弗森撰文报道哈登的进步，杰弗森写道：“哈登的侵略性将是雷霆队取得成功的密码，如果他能够保持这样的打法，雷霆队会在新赛季的季后赛走得更远。”

正如杰弗森预测的那样，哈登在2010—2011赛季常规赛将自己的场均得分从新秀赛季的9.9分提升到12.2分，而且随着赛季的进行越打越好，在2011年3月场均贡献16.8分，帮助球队打出14胜2负的单月战绩，雷霆队最终以55胜27负结束2010—2011赛季常规赛的征程，以西北赛区第一的排名闯入季后赛。

在季后赛中，俄克拉荷马雷霆队在首轮用了5场战胜丹佛掘金队，但他们在第二轮未能取得开门红，被孟菲斯灰熊队以13分的优势击败。系列赛开局

先丢一个主场让雷霆队压力大增，如果第二场不能取胜，他们将带着0：2的总比分去孟菲斯，对于一支年轻的球队来说那时的局面将难以把控。

俄克拉荷马雷霆队需要有人站出来守护主场，而哈登成了那个人，他在第二战中替补上场，首节打了4分钟就拿到8分，帮助雷霆队单节建立起11分的领先优势。顽强的孟菲斯灰熊队奋力追赶，又是哈登熄灭了对手逆转的希望之火，他在第四节开始后先是制造犯规两罚全进，随后助攻埃里克·梅诺投进三分球，接下来再制造犯规连续罚进3球。哈登火力全开，抢断上篮再添2分，然后再给梅诺送出助攻投进三分球，雷霆队将分差拉大到20分，宣判了灰熊队的“死刑”。

哈登在第四节拿到了9分、2次助攻、2次抢断，全场比赛得到21分，罚球11罚全中，他在休赛期的挥汗如雨成功转化为季后赛的强大战力。“我看过哈登的比赛，我知道他很特别，”孟菲斯灰熊队前锋萨姆·杨说，“他是一位非常优秀的球员，能够打出这样的比赛。”

然而，雷霆队的对手也不容小觑。孟菲斯灰熊队在2010—2011赛季季后赛首轮上演了“黑八奇迹”，淘汰了常规赛西部第一的圣安东尼奥马刺队，坚韧是灰熊队的标志，他们与俄克拉荷马雷霆队展开鏖战，两队打到了抢七大战，一局定胜负。这场关乎晋级还是回家的比赛是一次你死我活的“厮杀”，两队都迟迟未能拉开分差，第三节结束前5分钟哈登替补上场时，雷霆队只领先3分，哈登披挂上阵不久就接到威斯布鲁克的传球三分球命中，然后收到杜兰特的分球再进一记远投。第三节最后一刻，哈登三分线外压哨再中，雷霆队拉开14分差距奠定胜势。

这场比赛是俄克拉荷马“篮球三英”的代表作之一，杜兰特以39分的数据证明了得分王的能力，威斯布鲁克以14分、10个篮板、14次助攻彰显了全能，哈登替补上阵贡献17分，投进4记三分球，带动了第二阵容。三人同心，其利断金，俄克拉荷马雷霆队以105：90拿下这场比赛，顺利挺进西部决赛。

“我们在一起成长，我们在一起变得更好，我认为只要我们继续保持谦逊，继续努力工作，我们的球队就可以迎来下一个质变。”威斯布鲁克说。

质变需要时间的沉淀，就像俄克拉荷马雷霆队在西部决赛的对手达拉斯独行侠队一样，独行侠队曾在2005—2006赛季闯入总决赛，总比分2：0领先却被迈阿密热火队逆转，那样的失败是惨痛的教训，也是经验的积累，雷霆队同样需要这样痛的领悟。

在与达拉斯独行侠队的较量中，俄克拉荷马雷霆队仅5场就败下阵来，他们并不是没有机会，而是未能把握住，比如系列赛第四场，雷霆队第四节结束前5分钟还领先15分，最终却被独行侠队逆转；在第五场终场前3分钟还领先4分，结果最后这3分钟只得到2分，独行侠队一波10：2获得胜利晋级总决赛。并最终夺取总冠军。

哈登在第五场拿到23分却未能挽救败局，他和球队还在支付着成长路上的学费，此刻的遗憾，将化为对变强的期盼。“很难过，但我们从中学到了很多，我们唯一需要做的就是继续奋斗，下赛季重新再来。”哈登说。

Loves
BRING THE THUNDER
RIVERWIND CASINO
THUNDER
DALLAS
KIDD
2
WESTERN CONFERENCE FINALS

告别，出走之夏

JAMES HARDEN

第3章

OKLAHOMA CITY
13
DEFENSE!
OKC

2011年夏天的德鲁联赛，哈登在右侧底角持球，防守者与他贴身对抗，哈登沉肩强起，球应声入筐，裁判哨声随之响起，这是一次三分球犯规，防守者笑着拍了拍哈登的肩膀：“兄弟，干得不错。”

这位防守者名叫科比·布莱恩特，是继迈克尔·乔丹之后最伟大的得分后卫。

这场比赛是哈登与科比之间的对决，是新锐与传奇之间的对抗。科比拿到45分，哈登获得44分，哈登展现着他再一次升级的战力，更强悍的突破，更有力的干拔，更具节奏的后撤步三分球，这一切都来自他在休赛期的勤学苦练。

NBA劳资双方在2011年出现纠纷，导致联盟一度停摆，在那段日子里，哈登一直执行特训计划，当停摆结束后赛季开启，一个全新的哈登出现了。2011—2012赛季开始后的前10场比赛，哈登已有4场得分超过20分，以此作为起点，哈登的单月场均得分逐月上涨，其进攻火力在常规赛收尾阶段达到高峰。

2012年4月18日，哈登随队来到了菲尼克斯，这里是他的母校亚利桑那州立大学所在地，哈登的家人、朋友还有大学教练在美航中心齐聚，为哈登加油助威。“他们都来了，我希望别让他们失望。”哈登说。

从比赛打响的那一刻开始，

哈登就开足马力，首节拿到10分，第二节再添9分，他在上半场扮演射手的角色，在外线跑位、牵制防守的同时等待队友的分球，这也是布鲁克斯教练最初赋予哈登的战术角色，他要依靠投射能力为杜兰特和威斯布鲁克创造单打的空间，然后通过两位球星的进攻吸引包夹来获得出手机会。

在2011—2012赛季，哈登的角色悄然变化，他依旧可以发挥空间型射手的作用，与此同时也有了更多的持球进攻机会，对菲尼克斯太阳队这一战，正是哈登进攻定位多样化的一次集中展示。

第三节结束前5分钟，哈登运球推进，杜兰特就在他的身边，但哈登却没有选择传球，而是变向从中路突破防线，击穿了菲尼克斯太阳队后卫香农·布朗的防守，太阳队中锋戈塔特赶过来补防，哈登用身体靠住戈塔特，在空中完成身体对抗左手抛投，不但打进而且还制造了犯规，完成一次干脆利落的2+1。哈登在这场比赛中两分球9投7中，三分球8投5中，罚球11中11。

“哈登无所不能，”布鲁克斯教练谈到哈登的表现时说，“中距离、三分球、突破、制造犯规，每一样武器都可以有效进攻。”

哈登不仅是一位得分手，还是一位组织者，只是与杜兰特和威斯布鲁克同队，哈登持球发动进攻的机会很有限，但如果把机会交给他，他就能给予回报。

终场前8分钟，哈登在右路持球，尼克·科里森做掩护顺下，哈登牵制了两名防守球员，给科里森送出了反弹传球，球的落点恰到好处，科里森接球转身就是一记灌篮，还造成了犯规，加罚命中后将领先优势扩大至14分。

哈登下半场比赛拿下21分、4个篮板、2次助攻、2次抢断，全场比赛拿下40分、7个篮板、3次助攻、4次抢断，俄克拉荷马雷霆队以109：97取得胜利。“哈登今晚火力全开，”菲尼克斯太阳队球星斯蒂夫·纳什说，“当他打出这样的比赛时，我们的防守看上去软弱无力。”

2011—2012赛季常规赛，哈登场均贡献16.8分、4.1个篮板、3.7次助攻，投篮命中率49%，三分球命中率39%，在联盟替补球员得分榜上排名第一。布鲁克斯曾考虑让哈登打首发，但哈登谢绝了这个安排，他觉得自己作为超级第六人上场对球队更好，擅长防守的塞福罗萨与威斯布鲁克搭档首发后场更合适。

“教练问我是否想打首发，我说不想，”哈登说，“在我刚进入联盟的时候，我曾想首发出场，但当时我没有得到机会。我用了三年时间来适应第六人的角色，我现在已经融入角色当中了，球队的化学反应很好，我可以从替补席站出来做出贡献。”

成为精英级“板凳杀手”的哈登，获得了职业生涯第一个重要奖项。在2011—2012赛季最佳第六人评选中，哈登拿到119张第一位选票中的115票，**22岁的他成为NBA历史上第二年轻的赛季最佳第六人。**

“当安排哈登打第六人位置的时候，我告诉他这是机会也是挑战，当凯文（杜兰特）与拉塞尔（威斯布鲁克）休息的时候，球权会交到你手中，”布鲁克斯说，“你需要去得分，去带动第二阵容，要做很多工作，这是很难的，因为第六人必须一上场就发挥作用，但他做到了。”

俄克拉荷马雷霆队以西北赛区第一、西部第二的战绩闯入季后赛，哈登没有参加常规赛的最后两场比赛，原因是他在面对洛杉矶湖人队一战中遭到阿泰斯特肘击导致脑震荡，好在他及时赶上了季后赛。雷霆队首轮的对手是上赛季西部决赛淘汰他们的达拉斯独行侠队，雷霆队迎来复仇机会，连赢三局取得3：0领先，但独行侠队毕竟是上赛季总冠军球队，不会轻易认输，他们在第四场前三节结束时建立了13分的领先优势，有望扳回一局。

当对手看到希望时，哈登将希望打成了绝望，他在第四节扛起球队，单节9投6中贡献15分，还送出3次助攻，而达拉斯独行侠队全队在第四节仅仅得到16分。哈登利用挡拆或直接得分或助攻队友，拆毁了独行侠队的防线，俄克拉荷马雷霆队单节35：16赢了19分，以103：97横扫了上赛季总冠军。

“哈登单枪匹马就打败了我们，”达拉斯独行侠队主教练卡莱尔说，“我们做了所有的防守尝试，使用了五六套防守战术，但都未能奏效。”

俄克拉荷马雷霆队在第二轮与科比领军的洛杉矶湖人队相遇，雷霆队只用了5场就击败湖人队晋级，雷霆队的青春浪潮席卷而来，杜兰特、威斯布鲁克与哈登场均合砍68分，湖人队老态尽显。

时隔一年，俄克拉荷马雷霆队重返西部决赛，这一次与他们争夺西部冠军的是圣安东尼奥马刺队，马刺队是NBA团队篮球的代表性球队，围绕邓肯、吉诺比利与帕克核心三人组，搭建起注重协作、无私分享的战术体系，战斗力强悍并且经验丰富。

西部决赛前两场，俄克拉荷马雷霆队都输了，哈登在第二场拿下30分却无法改变败局。回到主场的雷霆队连追两场，将系列赛带入天王山之战，胜者将拿到晋级赛点，而马刺队拥有这场比赛的主场优势。

俄克拉荷马雷霆队在天王山之战第四节还剩5分钟的时候拉开了13分的差

距，老练的圣安东尼奥马刺队却不急不躁，在邓肯的带领下打了雷霆队一个13：2，并在终场前50秒将分差追到只有2分。雷霆队需要打进一球，否则比赛的局面将难以预料，进攻的第一选择当然是杜兰特，但马刺队早就料到，所以他们对杜兰特进行了绕前结合包夹的防守，雷霆队无法将球给到杜兰特手中，他们需要有另一个人扛起关键球的重担。

哈登成了那个人，他面对科怀·伦纳德——未来的联盟最佳防守球员，运球作势向右侧突破，调动了伦纳德的身体重心后，急停后撤步出手三分球，伦纳德展示了杰出的防守功力，尽管被晃开了重心，但还是立即稳住身体迎面对哈登的投篮进行干扰，球几乎擦着伦纳德的指尖飞过，划出一道弧线穿筐入网，雷霆队领先5分。

“那个球原计划是给凯文的，但对方防守很严密，而且进攻时间快用完了，我必须做出决定，”哈登说，“伦纳德对我的防守很严密，但我对自己的投篮更有信心。”

哈登在第四节4投4中，三分球3中3，罚球1中1，单节独取12分，雷霆队以108：103战胜马刺队。回到主场的雷霆队没有再给对手机会，杜兰特打满48分钟得到34分、14个篮板、5次助攻，威斯布鲁克贡献25分、8个篮板、5次助攻，哈登拿到16分、5个篮板、4次助攻，其中有8分来自第四节，他在终场前3分13秒接到杜兰特分球三分球命中，让雷霆队获得了6分的领先优势，最后时刻两罚全中锁定胜局，雷霆队以107：99取胜，这是他们自1995—1996赛季后首次闯入总决赛。

此时的俄克拉荷马雷霆队如日中天，他们的篮球才华震撼着整个联盟，三位球星杜兰特、威斯布鲁克与哈登风格各异却又能形成合力，他们在赛场上的表现成为NBA一道充满了青春色彩的风景。

“NBA强队也不少，但像雷霆队那样赏心悦目的可不多，”篮球记者J.D.泰勒说，“杜兰特在防守者头顶投出让对方绝望的三分球，威斯布鲁克滑翔在空中隔扣对手的大个子，哈登用欧洲步、三分球或者手术刀般的传球切开防守，那真是令人叹为观止，他们的天赋无与伦比，相互间还有着完美的平衡。”

遗憾的是，战力强大、潜力无限的“俄城三少”，却未能在西部冠军之后更进一步，他们在2011—2012赛季总决赛拿下首战之后连输4场，被拥有詹姆斯、韦德与波什的迈阿密热火队击溃。在常规赛和季后赛前三轮都有出色表现的哈登，踏上总决赛战场后陷入了低迷，面对热火队的系列赛中场均只得到12.4分，投篮命中率只有37.5％。

对于哈登的低迷，外界有不同的猜测，他的队友帕金斯给出的解释是：“哈登没有打出我们期待的表现，这或许与他的私生活有关。我们西部决赛的时候在圣安东尼奥打客场，那座城市没什么好玩的，但迈阿密可不一样，他几乎天天不休息，每晚都出去。”

帕金斯的说法见仁见智，夜生活是很多NBA球员的标配，未必就会引起

比赛状态的下跌，哈登或许只是在错误的时间，打出了错误的比赛，并带来了影响NBA竞争格局的后果，因为哈登要续约了。

普莱斯蒂对于续签哈登很发愁，因为球队在完成与杜兰特、威斯布鲁克和伊巴卡的续约工作后，在不交奢侈税的情况下无法满足哈登在工资方面的要求。哈登想要4年6000万美元的合同，而俄克拉荷马雷霆队不愿给这么多，双方在讨价还价之后，雷霆队给出的最高报价是4年5550万美元，与哈登的要价只差450万美元，但就是这个在NBA算不上大笔数额的450万美元，让雷霆队与哈登走到了分手的边缘。

在与哈登谈判的同时，普莱斯蒂开始比较其他球队的交易报价，他在做两手准备，如果哈登同意签字那就留下，如果不同意，就要用哈登换取建队资源。在众多打来电话的球队中，休斯敦火箭队是最积极的，几乎一天一个电话。火箭队正处于“后姚麦时代”的重建期，他们需要一位基石球员，愿意在哈登身上下注。

2012年10月27日，这是哈登篮球生涯中记忆最为深刻的一天，他接到了普莱斯蒂的电话，球队总经理告诉哈登，他只有一个小时的时间来考虑是否接受报价，这令哈登十分惊讶：“如此重要的一份合同，一个小时根本不够我考虑的。”

当天晚上，普莱斯蒂的电话再次打来，哈登原以为是继续商讨，结果却被告知交易已经谈妥，他将被送到休斯敦。当这个消息传来时，哈登哭了：**“那是一个非常悲伤的夜晚，我们原本对未来充满憧憬，要在一起赢得多个总冠军，这一切都在那一刻不复存在了。”**

心情郁闷的哈登拨通了恩师佩拉的电话，佩拉理解哈登的心情，因为他们之前就聊过，哈登告诉佩拉他觉得打第六人挺不错的，如果继续留在雷霆队，他会愿意继续扮演“板凳杀手”。哈登是安于现状的性格，他并不喜欢做出改变，尤其是这种巨大的改变，但在佩拉看来，这次交易或许是一次改变哈登生涯的良机。

“他很心烦，感到很受伤，认为自己受到了不公正的待遇，”佩拉说，“但我告诉他，这笔交易能够让他向篮球世界最大限度展示自己有多么出色，他的道路绝不应该局限在超级第六人上。”

ROCKETS
13

PART

James

3

Harden

休城猎杀
崭新世界

火箭，新核驾到

JAMES HARDEN

第 1 章

STON
13

位于墨西哥湾沿岸的休斯敦是得克萨斯州第一大城市，是约翰逊航空中心所在地，因此有着“航天城”的称号。火箭队在1971年从圣地亚哥迁至休斯敦，来到“航天城”，时刻等待腾空而起翱翔天际的机会。

1993—1994赛季与1994—1995赛季是休斯敦火箭队的辉煌岁月，火箭队在哈基姆·奥拉朱旺的带领下完成两连冠，坚韧的比赛风格使这支队伍获得了“德州小强”的称号，这是一支打不死的篮球战队。在奥拉朱旺时代结束后，姚明与特雷西·麦克格雷迪先后加入，火箭队再度成为联盟劲旅，但遗憾的是姚明、麦克格雷迪都受到伤病影响，未能让火箭队重返冠军之巅。

在得到哈登之前，休斯敦火箭队连续三年未进季后赛，**他们需要一位核心球员，带队走出低谷，重现昔日荣光，哈登会是那个人吗？**

“关于哈登，现在有太多的疑问，他之前在雷霆队只是第六人，而且他自己非常喜欢那个战术角色，如今让他作为球队的第一王牌，他有能力胜任吗？”ESPN（美国娱乐与体育电视台）记者丽萨·索尔特斯在2012—2013赛季开始前坦言。

当哈登被质疑声围绕时，新东家却给予了他充分的信任。2012—2013赛季常规赛揭幕战当天，休斯敦火箭队与哈登续约，合同的薪酬是5年

8000万美元，显然火箭队要比俄克拉荷马雷霆队更看好哈登的未来，他们愿意在哈登身上赌一把，接下来就看哈登怎么做了。

37分、6个篮板、12次助攻、4次抢断、1次盖帽，这就是哈登在续约当天，交出的火箭队生涯首秀成绩单，他成为NBA历史上首位在代表球队出战的首场比赛中拿到37分并且助攻上双的球员，并带队在客场以105：96击败底特律活塞队。

这场比赛绝非一帆风顺，休斯敦火箭队在第四节开始后一度落后11分，前三节已经拿下31分的哈登充分展示了他的基石作用，面对底特律活塞队的包夹防守，或用挡拆或用突分，给队友创造了得分良机，第四节送出5次助攻，当活塞队不得不去降低夹击频率，哈登又能单打得分，他在终场前1分27秒突破上篮打成2+1，火箭队打出32：11攻击波，击溃对手。

“我知道外界对我有些怀疑，还有一些批评，但这一切都是关于篮球，篮球的事情需要在场上解决，我要做的就是上场打好比赛，去得分，去为队友创造机会，让全队都参与进来。”哈登说。

休斯敦火箭队在2011—2012赛季的前两场比赛都是客场，他们战胜底特律活塞队后马不停蹄地前往亚特兰大。亚特兰大是著名的娱乐之都，很多球员喜欢在这座城市享受夜生活，被哈登首秀震撼的美国篮球记者，都想看看哈登在亚特兰大是否会重蹈总决赛的覆辙，陷入灯红酒绿而迷失状态。

哈登给出了答案，他在面对亚特兰大老鹰队一战的上半场就轰下17分，9次出手命中7球，而这只是“热身”，他在下半场火力全开砍下28分。休斯敦火箭队打的是双持球人模式，林书豪和哈登分别拿球发起进攻，哈登在无球和有球之间自如切换。比赛非常胶着，战至第四节还剩4分钟的时候仍是平局，哈登接管比赛，阿西克高位掩护，哈登加速切入过掉了老鹰队后卫德肖恩·史蒂芬森，佯装突击内线骗老鹰队球员向篮下收缩，哈登在左侧45度急停干拔，史蒂芬森从后面扑了过去，但哈登的投篮依旧稳稳命中并制造了史蒂芬森的犯规。

哈登加罚未能命中，但队友帕特森抢到了篮板，哈登再次发起进攻，再一次利用阿西克的掩护冲击，防守球员这一次不敢盲目回收给哈登中投空间，而是由中锋帕楚利亚换防，哈登如一道闪电从帕楚利亚身边穿过，亚特兰大老鹰队前锋霍福德协防干扰，但哈登仿佛是一辆从拥挤的赛道上奔驰而出的赛车，在前堵后追的防守下上篮打进并制造了霍福德的犯规，哈登打成2+1，他在15秒时间里用两波进攻拿下5分打破僵局，休斯敦火箭队稳扎稳打地以109：102拿下胜利。

哈登全场比赛19投14中，三分球4中2，罚球17中15，拿到45分，他代表休斯敦火箭队出战的两场比赛合计贡献了82分，打破了传奇中锋威尔特·张伯伦保持的球员为球队效力的前两战的总得分纪录，原纪录是张伯伦在1958—1959赛季创造的79分。

这两场比赛对于哈登来说是心理压力的释放，他用比赛表现证明了自己不会辜负球队的期待，俄克拉荷马雷霆队的第六人彻底成为过去，哈登现在是休斯敦火箭队的核心球员。

“我最初一直在思考如何担任好这样的角色，因为我之前没有这样的经历，”哈登说，“这两场比赛让我打出了信心，我知道自己可以作为进攻核心带队打出好成绩。”

从俄克拉荷马雷霆队到休斯敦火箭队，哈登迎来了NBA生涯中质的飞跃，他在雷霆队效力的三年中，从未单月场均得分超过20分，而在火箭队的首个赛季，每个月的场均得分都在23分以上。与此同时，哈登也不仅仅是一位得分手，他拥有填满数据栏的能力，满足球队在所有领域的需要。

2013年2月2日，休斯敦火箭队在客场以109：95击败夏洛特山猫队，哈登在这场比赛中交出了21分、11个篮板、11次助攻的成绩单，NBA生涯首次打出三双。“这对我来说意味着很多，这是我第一次拿到三双，”哈登说，“我努力把球投进，争夺篮板，在进攻中找到队友，我希望在得分之外还有其他的手段影响比赛。”

当2013年全明星阵容公布时，哈登毫无悬念地入选，他真正成为NBA的明星球员。2013年全明星恰好在休斯敦举行，哈登在出场时获得了主场球迷的热烈欢呼，他得到了15分、6个篮板、3次助攻，帮助西部全明星队取得了胜利，哈登非常开心，但他知道全明星周末的放松只是暂时的，接下来将面对更严峻的挑战。休斯敦火箭队在全明星前排在西部第八，他们能否守住季后赛席位要看赛季后半程的表现，而全明星后首场比赛就是一场硬仗，哈登将率队对阵老东家——雷霆队。

与俄克拉荷马雷霆队的这一战，赛前有许多宣传，媒体为这场比赛设想了复仇剧情——哈登不满遭到雷霆队轻视欲复仇昔日旧主。但哈登本人对此却不以为然，他不希望给比赛增加额外的“佐料”，与雷霆队的分手是相互选择的结果，没有所谓的恨意。

“他离开俄克拉荷马的时候确实很伤心，但这是一个好的开始，”哈登的母亲蒙佳说，“有些时候你必须有一个‘毕业’的过程，很感谢俄克拉荷马雷霆队，球队帮助他成长，他现在长大了，‘毕业’了，事业进入新的阶段了。”

所有恩怨情仇，终究归结到比赛本身。哈登在前三节拿到了30分，第三节临近结束时，哈登从后场运球推进，眼看时间将尽，他在距离中线还有一小步的位置投出超远三分球，球随着第三节结束的哨声穿网而入，休斯敦火箭队主场瞬间沸腾了，球迷们纷纷起立鼓掌。

哈登投进了一记神仙球，但俄克拉荷马雷霆队的实力非常强，在杜兰特与威斯布鲁克的联手策动下，雷霆队在第四节结束前7分钟建立了14分的领先优势，休斯敦火箭队被迫暂停，此时，哈登将队友聚拢在身边：“大家别急，让我们从防守做起，然后投进几个球，相信我们一定可以做到。”

曾经的俄克拉荷马雷霆队第六人，现在是休斯敦火箭队的领袖，是球队陷入困境时，第一个站出来的那个人。在哈登的带动下，火箭队轰出一波21：4，逆转了战局。哈登连续冲击雷霆队的防线，阿西克高位掩护，哈登单骑突进，被火箭队作为交换哈登的筹码送到雷霆队的凯文·马丁伸手断球，但他未能拉住哈登，哈登顺势借力左手一抛打进，还制造了犯规，哈登高举着左臂向场边球迷招手，球迷们齐声高喊“MVP”。

第四节还剩2分21秒，休斯敦火箭队落后3分，哈登在左侧持球与伊巴卡形成一对一单打，哈登连续胯下运球，球在他的手中上下翻飞，伊巴卡防守站位很棒，预判着哈登的走位，展臂进行干扰。哈登突然启动从左路突破，伊巴卡向后退了一步，哈登突然变向再次调动伊巴卡的身体重心，随即后撤步三分球出手，伊巴卡虽然努力控制住平衡跳起试图封盖，但哈登利用时间差，球在主场18000名球迷的注视下直落网中。

“哈登是一位现象级的进攻球员，他能够持球突破，能够后撤步命中三分球，你即便严密防守，他也会创造出机会。”休斯敦火箭队主教练麦克海尔说。

两队战成平分，俄克拉荷马雷霆队拥有球权，威斯布鲁克控球强行切入，在罚球线位置急停跳投，哈登补防到位一掌将球切下。哈登策动反击沿左路推进，雷霆队这次不敢单防，采用了双人包夹，哈登阅读防守，快速分球给弧顶位置的德尔菲诺，德尔菲诺马上转移给右侧的林书豪，林书豪出手三分球命中，火箭队反超比分。

杜兰特急停中投偏出，休斯敦火箭队获得奠定胜局的机会，哈登亲自持球，他在弧顶单挑雷吉·杰克逊，又是一记后撤步投篮，杰克逊完全招架不住，球中定乾坤，雷霆队无力回天，火箭队完成逆转。

哈登在第四节拿到16分，全场比赛19投14中，三分球8中7，罚球12中11，获得创生涯新高的46分，此外还贡献7个篮板、6次助攻、2次抢断、1次盖帽，他以无可挑剔的攻防表现从老东家那里带走了胜利。“哈登完成了那些难度很高的投篮，这是卓越球员的能力体现。”杜兰特坦言。

这场46分之战如同哈登的一场“毕业考”，至此雷霆队生涯已成往事，他剑指未来，接下来的任务是将球队带入季后赛，休斯敦火箭队在2008—2009赛季之后就再也未能踏入季后赛的大门，球队经历了四年的苦苦等待，花谢终迎花开日。

2013年4月9日，休斯敦火箭队在主场对阵菲尼克斯太阳队，哈登与火箭队旧将斯科拉展开砍分大战，哈登拿到33分，斯科拉取得28分，两队势均力敌战至最后一秒，哈登在右翼单打P.J.塔克投出三分球，球弹筐而出，火箭队后卫贝弗利冲过去试图补篮，太阳队中锋小奥尼尔保护篮板碰到球，裁判哨响吹小奥尼尔干扰球，火箭队得到3分，以101∶98取胜。

“哈登投出了那个球，碰到篮筐弹了起来，小奥尼尔是在球仍处于篮筐上方圆柱体内时碰到的，这就是防守干扰球，应该吹得分有效。”裁判大卫·琼斯说。

凭借这场胜利，休斯敦火箭队在常规赛还剩4场时就提前锁定了季后赛席位，等待终于结束，球队官网放上了这样的文字：“我们出发吧！休斯敦！我们重返季后赛了！”

哈登与队友们拥抱在一起，他快乐得像闯入糖果店的孩子，虽然哈登一年前已经进过总决赛，但那时候他只是辅助球员，而如今他是以核心身份带队拿到季后赛席位，感受完全不同。

“太兴奋了，我们是一支年轻的球队，经历了艰苦的跋涉，终于进入了季后赛，这是属于全队的成就。”哈登说。

2012—2013赛季常规赛，哈登场均得到25.9分、4.9个篮板、5.8次助攻、1.8次抢断，均创NBA生涯新高，以792次罚球数位列联盟第一，入选赛季最佳阵容第三阵容。来到休斯敦的首个赛季，哈登带队回归季后赛，入选全明星和最佳阵容，他从之前的第六人，成为联盟最优秀的15名球员之一，而实现这个跨越哈登只用了一个赛季。

2021—2013赛季季后赛，哈登再度遭遇俄克拉荷马雷霆队，这一次他未能跨过老东家，休斯敦火箭队以总比分2：4出局。哈登在6场比赛中有3场得分超过30分，包括第二战的36分、11个篮板、6次助攻，在火箭队史中，除了哈登之外，只有1993—1994赛季的奥拉朱旺曾在季后赛打出过这样的数据，但这些还不足以让球队在季后赛走得更远。

平均年龄不到25岁的休斯敦火箭队是全联盟最年轻的队伍，他们的大赛经验显然不能与对手俄克拉荷马雷霆队相比，哈登会在比赛中陷入孤掌难鸣的困境，正如NBA名宿比尔·沃尔评价的那样：“哈登未能在这个系列赛中得到来自队友们的强有力支援。”

但是，虽然未能闯过首轮，但休斯敦火箭队的2012—2013赛季是成功的，在赛季开始前，很少有人看好火箭队能够在竞争激烈的西部进入季后赛，

THUNDER
35
ROCKETS

对于哈登的带队能力更是打上一个又一个问号，但他们击碎了质疑，重新拾起曾经丢失的竞争力，向联盟劲旅迈进。

“非常感谢球迷们在这个赛季对我们的支持，在接下来的休赛期，我和球队都会努力变得更好。”哈登说。

魔球，第一分卫
JAMES HARDEN

第 2 章

2013年，是NBA得分后卫发展史中一个重要的时间节点，继乔丹之后最优秀的两位得分后卫科比与韦德都进入了职业生涯的衰退期，科比跟腱重伤，韦德拿到了职场生涯第三冠但膝盖已经不堪重负，2012—2013赛季总决赛是靠抽膝盖积液才坚持下来。

辉煌的旧时光渐渐落幕，灿烂的新时代缓缓走来。在2013年休赛期，ESPN推出了一个调查，题目是“谁将成为科比与韦德之后的第一分卫？”在候选人的榜单上，出现了哈登的名字。

“这是对我的认可和鼓励，但我知道和那些传奇分卫相比，我还有很长的路要走，他们不仅个人表现杰出，还都带队拿到了总冠军，让自己和球队都变得更强，这才是成功。”哈登说。

哈登已经将休斯敦火箭队带回了季后赛，但想要向总冠军发起冲击，还需要更好的队友。2013年7月，自由球员市场开放，火箭队招募团队来到了洛杉矶，团队成员包括球队高管、教练、队史名宿奥拉朱旺、德雷克斯勒，还有现在的队内王牌哈登，他们要与自由球员市场中最有吸引力的那个人会面。

那名球员是德怀特·霍华德。

霍华德是2004年状元秀，因为绝佳的身体天赋，被球迷们称为“魔兽”，他更喜欢自称“超人”。巅峰期的霍华德是联盟第一中锋，连续3个赛季当选最佳防守球员，连续4个赛季入选最佳阵容和最佳防守阵容双一阵，被认为是唯一可以单换勒布朗·詹姆斯的球员。

在2012—2013赛季，霍华德并不开心，他效力于洛杉矶湖人队，与科比的关系十分紧张，两人在性格上差异极大，带队方式也有严重分歧，霍华德认为更年轻的他理所应当成为湖人队的第一核心，科比应该“让位”，但在科比看来，霍华德应该靠赛场表现来争取这个队内地位，而不是靠谁“让位”。

科比与霍华德的矛盾焦点是后者能否扛起复兴洛杉矶篮球的这面大旗，而霍华德因为背部手术，身体状态与巅峰期相比已经有所下滑，他和科比都有些心急，反而是欲速则不达，科比为了带队进季后赛拼到跟腱大伤，洛杉矶的球迷埋怨霍华德没有给予科比充分的帮助，在比赛中给他嘘声，霍华德心生去意。尽管在洛杉矶湖人队的一年并不成功，但霍华德依旧不缺乏追求者，休斯敦火箭队面对着达拉斯独行侠队、亚特兰大老鹰队等多个竞争对手。

休斯敦火箭队在招募中有一个秘密武器，那就是霍华德的经纪人丹·费根。费根的另一位客户帕森斯就在火箭队效力，费根与火箭队私下达成了一个协议，如果火箭队给帕森斯表现机会，他就运作霍华德去休斯敦打球。火箭队兑现协议，在帕森斯新秀赛季就让他打首发，帕森斯也很争气，在火箭队打得风生水起，成为当时性价比顶尖的球员，为后来拿下大合同奠定了基础。费根也是言出必行，他积极劝说霍华德选择火箭队，在两人的对话中，费根说了这样一句：**“你和哈登也许能成为新的‘OK组合’。”**

“OK组合”是指奥尼尔与科比的搭档，这是统治级中锋与超级分卫的搭档，“OK组合”完成了三连冠伟业。在与休斯敦火箭队的招募团队见面时，霍华德与哈登谈到了费根的这个预测，前者对此感到兴奋。

“你觉得我们能做到吗？”霍华德问哈登。

对于霍华德的问题，哈登只是笑了笑，他有些怀疑，因为此一时彼一时，比赛模式的发展到了2013年，已经与“OK组合”的时代有了很大的不同，尤其是休斯敦火箭队，他们的打法在全联盟也是独树一帜。

休斯敦火箭队推行的是“魔球理论”，这是一套通过数据模型创立的篮球体系，主要内容是将三分球、制造犯规罚球和冲击禁区作为主要攻击模式，追求快节奏，注重攻守转换。在“魔球理论”中传统的中距离跳投和低位背打都不是最理想的进攻方法，前者效率不高，后者拖慢节奏。

霍华德的打法更趋近于传统中锋，主要活动区域在篮下。“魔球理论”需要两种类型的中锋，一是空间型，可以投三分球的；二是挡拆“吃饼”型，可以掩护顺下攻筐，霍华德既不投三分球，也不喜欢挡拆，更愿意在低位单打，这恰恰与“魔球理论”相冲突，休斯敦火箭队的教练组并非没有考虑到这一层，但霍华德第一中锋的名气，让火箭队还是决定试一试，毕竟他们是一支拥有中锋传统的队伍。

“魔登组合”有一个很美好的开始，在两人并肩作战的首场常规赛中，休斯敦火箭队在主场以96：83击败夏洛特山猫队，这场比赛战至第四节还剩9分钟的时候，山猫队将分差缩小到4分，哈登与霍华德联手带队轰出一波14：4。在这波进攻高潮中，“魔登组合”相互传球，霍华德保护篮板送出

长传，助攻哈登快攻，哈登吸引包夹妙传霍华德灌篮，哈登在第四节5投全中拿到13分，霍华德在这场火箭队首秀中贡献了17分以及追平生涯纪录的26个篮板。

“他的表现令人惊叹，”哈登谈到霍华德时说，“满场飞奔，争夺篮板，终结进攻。只要发挥出自己的优势，他就能够改变比赛。”

在2013—2014赛季常规赛的前5场比赛中，休斯敦火箭队取得了4胜1负的战绩，哈登拿到了两场得分30+，面对达拉斯独行侠队拿到34分，面对波特兰开拓者队拿到33分。赛季前9战，哈登有4场得分超过30分，包括在纽约麦迪逊广场花园拿到36分，这场比赛霍华德5投1中，只得到7分，而哈登打出了一场很“魔球”化的比赛，18次走上罚球线罚中16球，在一决胜负的第四节10罚9中。哈登是带伤上阵，他的左脚有伤，发力的时候隐隐作痛，他的爆发力有些不够，但仍能通过制造对手犯规的方式去得分，以此带队拿下胜利。

哈登的脚伤加重，他随后因伤休息了三场，复出后对阵布鲁克林篮网队只得到9分，就在球迷们担心哈登受困于伤病战斗力下降时，他在面对圣安东尼奥马刺队与犹他爵士队的比赛中先后拿到31分与37分，两场比赛合计罚球23次。外界关于哈登的罚球争论越来越多，NBA历史上擅长制造犯规的高手也有不少，比如与哈登互换东家的凯文·马丁就是其中之一，但哈登走上罚球线的方式与前辈们都不一样，无论在外线投篮还是向篮下突破，哈登都会主动寻找身体接触，利用节奏的变化和假动作欺骗防守者，在手臂的缠绕中获得罚球。

对于哈登的这种打法，有两种截然不同的观点，支持者认为哈登是合理利用规则，是篮球智商高的表现，反对者则觉得这就是钻规则的漏洞，纯属篮球赛场上的“碰瓷”行为。

争论的高潮在2013年12月26日到来，休斯敦火箭队主场对阵孟菲斯灰熊队，哈登投篮手感不佳，9次出手只命中两球，但他还是拿到了27分，第四节独取11分带队取胜，赛后的焦点不是火箭队赢球，而是哈登的罚球，他全场比赛25罚22中，而灰熊队全队才20次罚球，哈登仅在第四节就有11次罚球。

RANDOLPH
50
ROCKETS
13

“这简直就是一场哨声主宰的比赛，”孟菲斯灰熊队球星兰多夫赛后抱怨道，“场上就是八对五，火箭队的五个人加上三个裁判针对我们。尤其是下半场，有个人不断走上罚球线，我们努力打比赛，裁判就这么吹罚，简直太糟糕了。”

哈登成为NBA历史上首位单场进球不超过两个，却能得到27分的球员。他对于能够频繁获得罚球有自己的理解：“就是打得有侵略性，我今天投篮手感不佳，那就要攻击篮筐，我们在比赛中有一段时间进攻不顺，我希望能通过我的攻击把球队带动起来。”

霍华德此战只打了18分钟，5投1中得到2分，他遇到了犯规麻烦，同时背部感到不适。在赛季初期维持了一段时间良好的身体状态后，背部的问题又开始困扰霍华德，他只要在板凳上坐得稍久一些，背部就会感到僵硬。霍华德因为身体状况导致比赛状态不稳定，这就需要哈登在进攻端保持输出量，努力提升球队攻击力。

2013—2014赛季常规赛哈登场均得到25.4分、4.7个篮板、6.1次助攻，在联盟得分榜上位列第五，是场均得分最高的后卫球员。哈登在这个赛季有24场比赛得分超过30分，也是后卫球员中的第一名。不仅仅是得分，2013—2014赛季只有两名球员能够做到场均得分超过25分的同时，还能送出6次以上助攻，他们分别是詹姆斯与哈登。

能投能传，哈登在休斯敦火箭队的定位是持球核心，是“火箭”的“发动机”，可以自己进攻得分，也可以为队友创造良机，在得分后卫的传统属性上，添加了组织后卫的功能。

2014年4月12日，休斯敦火箭队主场对阵新奥尔良鹈鹕队，这是火箭队在2013—2014赛季常规赛的第80场比赛，火箭队之前遭遇两连败，急需一场胜利稳固西部前四的位置。鹈鹕队并不想成为火箭队止住连败的垫脚石，他们在终场前4分钟建立了8分的领先优势，欲将火箭队送进三连败的境地。

比赛再次进入“哈登时间”，他先是造犯规稳住局面，随后连续两次助攻贝弗利投进三分球，接下来由自己亲自“操刀”，中路单刀直入击破防线上篮打进，一人带动全队将战局逆转。哈登全场比赛拿到33分、13次助攻，休斯敦火箭队以111：104拿下比赛，哈登第四节得到14分，还送出了5次助攻。火箭队历史第一球星奥拉朱旺就坐在场边，见证了哈登用投传结合的方式拿下比赛，这位传奇中锋在赛后与哈登拥抱，并送上赞美："小伙子，干得真不错！"

休斯敦火箭队在2013—2014赛季常规赛获得54胜，排名西部第四，这是火箭队自2007—2008赛季后的最佳战绩。火箭队打出了"魔球"风格的比赛，他们的场均得分排联盟第二，场均三分球命中数和场均罚球数都是联盟第一，场均禁区得分第二，场均快攻得分第三，"魔球理论"遇到了哈登，呈现了爆炸效果。

随着2013—2014赛季常规赛结束，赛季最佳阵容评选结果出炉，**哈登进入最佳阵容第一阵容，与拥有"联盟第一控卫"称号的克里斯·保罗组成一阵后场。**来到休斯敦的第二年，哈登已经跻身联盟最强五人组的行列，在得分后

卫中位列榜首。

第一分卫的头衔既是荣誉，也是压力。在哈登之前，第一分卫的传承从乔丹到科比、韦德，无不是攻守兼备，而哈登的进攻能力突出，但他的防守却屡遭诟病。在俄克拉荷马雷霆队效力期间，哈登打出过很好的防守，但来到休斯敦火箭队后，进攻端负担很大，他在防守端投入的精力不及雷霆队时期。

先是罚球，然后是防守，哈登在休斯敦绽放光芒后，各类“阴云”也开始向他涌来，这就是巨星成长的必经之路，“欲戴王冠，必承其重”，你在比赛中打得越好，挑剔的眼光也会越多，正确的回应方式是让自己变得更强，让所有争议烟消云散。

“哈登已经是当今联盟最优秀的得分后卫，他不仅能得分，还能给队友传球，是非常棒的双能卫，”NBA名宿查尔斯·巴克利说，“他在离开俄克拉荷马后取得了非常大的进步，一年迈上一个台阶，但也因此引来了更多的关注，他的比赛会遭到更多人的指摘，尤其是防守方面，可能会在季后赛成为麻烦。”

巴克利给出了正确的预判，防守成为影响休斯敦火箭队走得更远的重要因素，他们在常规赛可以凭借进攻获得胜利，但进入节奏放慢、身体对抗增强、考验防守水平的季后赛，常规赛隐藏的问题就暴露了出来。

和波特兰开拓者队的首轮对决，休斯敦火箭队拥有主场优势，但他们在系列赛开始就连丢两个主场，开拓者队的阿尔德里奇两战分别拿到46分与43分，彻底打爆了对位的火箭队前锋特伦斯·琼斯。虽然火箭队主教练麦克海尔在两连败后变阵，用霍华德和阿西克轮番防守阿尔德里奇，哈登在第三战得到37分，火箭队扳回一局，但第四场，开拓者队四名球员得分超过20分，火箭队陷入1：3落后的局面。

“季后赛就是这样充满了磨砺与绞杀，这是与常规赛最大的不同，你必须适应这样的比赛。”球员时代三次夺取总冠军的休斯敦火箭队主教练麦克海尔说。

背水一战的休斯敦火箭队在第五场终于打出了强硬的防守，将阿尔德里奇限制到12投3中总共只得到8分的地步，而火箭队则是多点开花，三名球员得分超过20分，挽救了赛点。但在第六战中，火箭队再一次为他们的薄弱防守付出了代价，并且再也没有挽回的余地。

这场比赛终场前1秒钟，帕森斯上篮打进让休斯敦火箭队领先两分，只要火箭队守住开拓者队的最后一攻，就能将系列赛拖入抢七大战。霍华德抢在阿尔德里奇身前，这个站位显示了霍华德作为最佳防守球员的判断力，但防守巴图姆边线发球的琼斯，却选择了防守在巴图姆传给阿尔德里奇的路线上，将上线区域暴露了出来。

火箭队原本是贝弗利防守开拓者队后卫利拉德，贝弗利卡在了利拉德绕出来接球的路上，于是哈登指挥帕森斯和贝弗利换位，这是考虑到帕森斯身材更高，可以更好地干扰利拉德接高吊传球，但帕森斯并没有守住利拉德的上线身位，开拓者队用掩护战术就让利拉德甩开帕森斯接到巴图姆的传球，尽管帕森斯努力追赶，但利拉德一记三分球压哨绝杀，令开拓者队以99：98斩获胜利晋级西部半决赛，而休斯敦火箭队则抱憾出局。

“很难受，”在比赛中得到34分的哈登说，“我们已经拼尽全力，却输在最后一秒，这样的失利真的难以接受。”

哈登在这个系列赛中的表现时好时坏，有两场得分超过30分，但也有两场得分不到20分。波特兰开拓者队给哈登施加了高强度的身体对抗，令哈登不太容易冲到篮下，这影响了他的进攻效率，系列赛的投篮命中率只有37.6%。

季后赛是不同于常规赛的比赛，哈登和他的球队，都要学会如何打好季后赛风格的篮球。

HARDEN
13
BLAZERS
25

逆转，西决之门

JAMES HARDEN

第3章

ROCKETS
13

在2014年夏天，舆论对哈登的批评与嘲讽一波接着一波，他的罚球，他的防守，都成为被指指点点的对象。这些针对哈登的负面评价，归根结底在于休斯敦火箭队连续两年季后赛首轮出局，而哈登已经是最佳阵容第一阵容的球星，是最好的得分后卫，但他如果无法带队在季后赛中走得更远，就难以消除争议。

休斯敦火箭队在2014年休赛期的运作令他们的赛季前景不被看好，林书豪被交易到洛杉矶湖人队，阿西克被送到新奥尔良鹈鹕队，帕森斯与达拉斯独行侠队签约，火箭队失去了他们的替补中锋，以及上赛季第三和第四得分手。更令人不安的是，哈登与霍华德之间也出了问题，症结倒不是私人之间的矛盾，而是战术上的分歧。哈登希望霍华德更多提到高位参与挡拆，但霍华德更喜欢按照传统模式在低位展开进攻，从战术理念来讲，霍华德也没有什么错，只是他的身体状态已经难以支撑起他想要的进攻方式。

“你可以偶尔把球交给他低位单打，但如果你连续给他传球，他在篮下卡位就有些吃力了，甚至无法移动，背伤在困扰他，他不再是以前那个霍华德了，”主教练麦克海尔后来回忆起霍华德在火箭队打球时的情况坦言，“他训练很努力，希望能够解决伤病带来的问题，但他无法回到从前了。背伤拖累了他，他的髋部很僵硬，膝盖手术也对他有比较大的影响。”

球队人才流失，霍华德因伤战力降档，这对哈登既是挑战，也是他证明自己的机会。在2014—2015赛季开始前，露天看台体育推出专栏文章预测哈登在新赛季的表现，文章中写道：“在帕森斯、林书豪与阿西克离队后，哈登将承担更多的责任，他在过去几个月遭受了很多批评，他如何通过比赛回应那些声音，这会非常有趣，让我们拭目以待。”

2014—2015赛季常规赛首战，休斯敦火箭队来到洛杉矶，哈登面对自己的偶像科比，上半场获得22分，第三节再添10分，带领火箭队三节过后领先16分，哈登第四节没有上场，只用了三节比赛就拿到32分，帮助火箭队108：90取得开门红。

“我们的球队看上去很不错，只是需要一些时间磨合阵容，我们打得不

错。”哈登说。

揭幕战的32分是哈登亮出的“刀锋”，接下来主客场两战费城76人队，哈登都拿到35分并带队拿下比赛，面对达拉斯独行侠队与纽约尼克斯队分别拿到32分与36分并获得胜利，远征明尼阿波利斯得到38分击败明尼苏达森林狼队，哈登在进入2014年12月之后场均得到30.6分，他用一场又一场高分之战收获着胜利。

2014年12月22日，休斯敦火箭队在主场迎战上赛季将他们淘汰出季后赛的波特兰开拓者队，这是两队在2014—2015赛季的首次交锋，赛前有记者问哈登是否会想起上次季后赛的事情，哈登只是笑了笑没有说话，霍华德倒是直言：“考虑到上赛季我们和开拓者队之间的对抗，再次遭遇他们，他的心里一定是有些想法的，他会努力摧毁对手。”

哈登的表现如同一场赛场“核爆”，他在上半场只用了18分钟就得到了31分，还有5次助攻和5次抢断，攻守两端同时打爆了波特兰开拓者队，半场比赛就拉开20分的差距。哈登在第三节再拿11分，直接将比赛打入垃圾时间，第四节打了不到3分钟就“打卡下班”，全场比赛拿到44分，休斯敦火箭队110：95击败对手。

“上赛季的季后赛，我们在主场两次输给了他们，这是不能接受的，”哈登在赛后终于敞开心扉，“那些失利令我如鲠在喉，我不能再让那样的事情发生第三次。”

时间推进到2015年，哈登的火力越来越猛，得分30+已是信手拈来，得分40+仿佛近在眼前，他在2月8日再战波特兰开拓者队的比赛中狂得45分，两天后面对菲尼克斯太阳队拿到40分。哈登的战力不断提升，在拿到高分的同时，还能兼顾其他，**面对明尼苏达森林狼队一战拿到31分、11个篮板、10次助攻，这是哈登NBA生涯首次得分30+三双，**这如同推开了新世界的大门一般。十天后，休斯敦火箭队在主场迎战底特律活塞队，火箭队在这场比赛之前遭遇了两连败，他们需要一场胜利重新拿回高歌猛进的势头。

38分、12个篮板、12次助攻，哈登以大号三双，让胜利重新回到休斯敦。哈登在攻击手和组织者两个战术角色之间自如切换，一次次在主场引爆

掌声与欢呼。第三节最后一击，哈登在弧顶位置单挑底特律活塞队后卫丁威迪，胯下运球，左右交叉，佯装走位，后撤步跳投出手，丁威迪努力进行干扰，但球稳稳落筐，丁威迪还搭上了一次犯规。哈登罚球命中，完成打三分。

兴奋的火箭队球迷高举着写有“MVP”的纸板，高喊着哈登的名字，哈登同样非常兴奋，做出了他标志性的庆祝动作，右手摊平，左手在右手上方画圈。这套动作被球迷们称为“撒盐”，意为在对手的伤口上添一把盐，哈登对此的解释是：“我要将对手困在孤岛上，用炙热的手感灼伤他们。”

MVP，这是常规赛球员的最高荣誉，代表着一个赛季的最强者。哈登在2014—2015赛季掀起的进攻风暴，推动着他向MVP的荣誉发起冲击，在这条路上，哈登遇到了职业生涯最重要的对手，与他同样出身于2009年选秀大会的斯蒂芬·库里。

当哈登在休斯敦光芒万丈时，库里也在奥克兰铸就传奇。如果说哈登是一位不走寻常路的得分后卫，那库里就是一位不按常理出牌的控球后卫，他能够出色地完成组织进攻的工作，却并不喜欢长时间持球，更乐于通过战术跑位接球然后或投或传立即处理。遗传自父亲——1993—1994赛季最佳第六人戴尔·库里的投篮天赋，和自幼勤学苦练造就的运球和投射技艺，令库里成为历史级别的三分投手。

库里的射程颠覆了篮球场上的传统认知，过了半场随时随地可以出手，在一般的防守概念中，防一名投篮能力出众的后卫，上提到三分线站位就可以了，但防守库里必须继续扩大防御线，并且要对他寸步不离，只要稍有一步没跟上，也许就只能目送库里空心入网。库里这种NBA历史上前所未见的防守牵制力，支撑起了金州勇士队的战术体系，主教练科尔围绕库里打造了传切系统，在2014—2015赛季狂飙突进，战绩领跑全联盟，库里作为球队核心在MVP竞赛榜上处于领先位置。

能够给库里获得MVP带去实质性威胁的只有哈登了。

2015年3月19日，休斯敦丰田中心，火箭队迎战丹佛掘金队，火箭队在这场比赛开始前举办了两连冠20周年纪念活动，奥拉朱旺、德雷克斯勒等冠军

功臣来到现场，当休斯敦的篮球英雄们出现在球馆内，球迷们纷纷起立欢呼致敬，在那一刻，时光仿佛回到了20年前的冠军之夜。

“这是一个特别的夜晚，”哈登说，“能够在前辈们面前打球，我们感到荣幸，我们希望可以复制他们当年的成就。”

在队史传奇们的注视下，哈登上半场就砍下了22分，进入下半场之后也并没有收手的意思，第三节独取16分，三节过后已有38分入账。

“兄弟，为什么不试试拿下50分呢？”队友阿里扎在第四节开始前拉着哈登说道。

得到50分，这是哈登职业生涯中前所未有的。当比赛还剩38秒的时候，哈登的得分已经高达47分。阿里扎运球在右侧边线和哈登打了一个手递手配合，哈登移动到底角位置，丹佛掘金队双人合围，哈登在包夹即将形成但尚有缺口的一刹那出手三分球，球空心入网。

生涯首个单场得分50分到来，哈登伸出左手展开五根手指以示庆祝，丰田中心成为欢乐的海洋。“他拿50分看上去很轻松，”阿里扎说，“整个过程就是起床，来到球馆，然后带走50分，他得分就是这么简单。”

118∶108，休斯敦火箭队用一场胜利为庆典送上礼物，哈登贡献50分、10个篮板、4次助攻，这是他在2014—2015赛季第29场得分30+，第7场得分40+，是火箭队自1996年的奥拉朱旺之后，第一次出现球员单场得分50+。

“哈登可能是这个赛季的MVP，”丹佛掘金队后卫弗耶说，“他拥有着令人难以置信的得分能力，还可以带动队友，当他进入节奏时，就是不可阻挡的。”

在这场50分之战过去12天后，休斯敦火箭队在主场迎战萨克拉门托国王队。国王队中锋考辛斯在这场比赛中打出了24分、21个篮板、10次助攻、3次抢断、6次盖帽的华丽数据，国王队七名球员得分上双，全队投篮命中率50%，这样的球员发挥，这样的团队火力，按照常理推算，国王队应该是赢球的那一方，但胜利却属于火箭队，因为哈登拿到了51分。

哈登在前三节就拿到了41分，带领休斯敦火箭队领先11分进入第四节，但萨克拉门托国王队并未放弃，他们奋起直追将差距缩小到2分。胜势转向国王队一边，如果继续下去，胜利会被国王队带走。

好在，休斯敦火箭队有哈登。

哈登一次三分球命中止住了对手的反击浪潮，然后突破上篮再添2分，休斯敦火箭队稳住了阵脚。接下来哈登单打突击切入打三分，他在不到一分半钟的时间里连拿8分，用一己之力打出8：0，将领先优势拉大到10分，国王队逆转失败。

哈登创造了历史，他成为休斯敦火箭队创立以来首位单赛季两次得分50+的球员。“他总是能够打出让我们惊讶的表现，”阿里扎说，“他拥有极高的篮球智商，可以用许多方式得分，真是赏心悦目。”

2014—2015赛季常规赛，哈登场均得到27.4分、5.7个篮板、7次助攻、1.9次抢断，均创NBA生涯新高，在赛季得分榜上位列第二，35场比赛得分30+、10场得分40+、2场得分50+的数据都是联盟第一。

在哈登的带领下，赛季开始前并不被看好的休斯敦火箭队，打出了56胜26负的战绩，拿到了西南赛区第一，这是火箭队在1993—1994赛季后首次问鼎赛区。在赛季最佳阵容的评选中，哈登连续第二年入选第一阵容，坐稳联盟第一分卫的宝座。

但是，在MVP的票选中，哈登却未能获奖，他输给了库里。库里获得了100张第一选票，哈登获得了25张第一位票。库里当选的理由简单明了，67胜15负的金州勇士队是2014—2015赛季战绩最好的球队，库里是这支球队最好的球员，尽管哈登拥有更好的个人数据，并且将那支阵容有些残破的休斯敦火箭队带到了西部第二的高度。

在球员工会的评奖中，MVP颁给了哈登，这是球员们对哈登的认可。作为同行，他们了解哈登的实力以及他对于休斯敦火箭队的重要性。

“MVP是个人奖项，能够拿到当然很棒，但如果未能获得，我也不会让这件事影响到我和球队，我们打出了一个很棒的赛季，我们的目标是总冠军。”哈登说。

季后赛首轮，休斯敦火箭队遭遇达拉斯独行侠队，火箭队在哈登加盟后连续两年首轮出局，但这一次哈登没有再次让机会溜走，火箭队只用了5场比赛就击退了独行侠队，哈登在系列赛中场均贡献28.4分、7.8次助攻，第四场得到42分、9次助攻。

这是休斯敦火箭队自2008—2009赛季后首次闯过季后赛首轮，也是火箭队在哈登时代首次取得季后赛系列赛的胜利。“这只是一个开始，我们有更远大的目标。”哈登说。

那个目标当然是冲击总冠军，但休斯敦火箭队在西部半决赛却被逼入了绝境，前四场过后1：3落后洛杉矶快船队，其中第三场和第四场在洛杉矶总计输了58分。第五场将回到休斯敦，火箭队全无退路，只要输球就出局。

“这是对我们的考验。”哈登说。

二十年前，也是在西部半决赛，休斯敦火箭队也曾落入1：3落后的绝境中，他们在奥拉朱旺的带领下完成了大逆转，现在哈登能否重现当年的奇迹?

在第五场开始前，休斯敦火箭队得到了一个非常不好的消息，哈登生病了，他患上了流感，需要接受静脉注射，赛前的投篮训练都是勉强支撑下来的，哈登看上去没有精神，不停地咳嗽，十分疲劳。

26分、11个篮板、10次助攻，职业生涯季后赛首个三双，这是带病上场的哈登交出的成绩单，他在第二节贡献14分，带队单节打出36：26奠定胜局，休斯敦火箭队最终以124：103大胜，挽救了赛点。

当比赛结束后，休斯敦火箭队老板亚历山大来到新闻发布会现场，给哈登送上了一个大大的拥抱。“他一整天都不舒服，”火箭队主教练麦克海尔告诉记者，“在投篮训练的时候他的身体状况都是很差的，赛前需要接受静脉注射才能上场，他却坚持打了43分钟拿到三双带队取胜，这是一场杰出的比赛，我们需要这样的比赛。”

在第四节还剩1分45秒的时候，比赛胜负已定，哈登被换下场，他直接回到了更衣室，已经透支的身体需要治疗才能接受采访。当哈登出现在记者面前时，脸上仍有明显的疲态，他已经拼尽了全力。

“这是一场赢球或者回家的比赛，我们不能在主场球迷面前被对手扫地出门，”哈登说，“在洛杉矶的那两场比赛，我们打得很糟糕，我们知道要有

ROCKETS
13
Los Angeles
32
MEMORIAL HERMANN
LONE STAR COLLEGE

更好的表现，我们做到了。我有些累，但我很开心。”

休斯敦火箭队带着2：3的总比分来到洛杉矶，渴望将系列赛带入抢七大战的他们，在第三节结束前3分钟被逼到悬崖边缘，洛杉矶快船队领先19分。在客场，接近20分的分差，火箭队看起来已经无力回天，休斯敦当地的电视台负责转播比赛的演播室一时间鸦雀无声，解说员们开始为球队出局预备演播稿。

就在这个时候，奇迹发生了。

休斯敦火箭队在剩下的时间里打出51：20，主教练麦克海尔兵行险着，他将身体尚未康复的哈登换下来休息，将球权交给约什·史密斯与科里·布鲁尔，火箭队进入防守反击的提速节奏中。

史密斯在第四节5投4中贡献14分，布鲁尔8投5中砍下15分，休斯敦火箭队单节40：15碾压对手，而洛杉矶快船队在这一节投篮命中率只有18%。火箭队绝地求生，以119：107完成惊天大翻盘。

“队友们打得太好了，”得到23分的哈登说，“我今天身体状态不太好，教练及时做出了调整，我是场上队友们的啦啦队，这是一场伟大的胜利，我们要趁势追击。”

20年前的那次1：3大翻盘，休斯敦火箭队在抢七大战中凭借埃利的“死亡之吻”绝杀涉险过关，而这一次抢七大战决胜，火箭队没有将比赛带入生死一击的时刻。经历了第六战的绝境逆袭，火箭队从心理到身体状态都达到最佳，而洛杉矶快船队已经斗志溃散，火箭队前三节战罢领先了17分，快船队已再无还手之力，火箭队113：100赢下抢七大战，成为NBA历史上第九支季后赛1：3逆转的球队，火箭队自1996—1997赛季后首次进入西部决赛。

“这是巨大的信心加成，”砍下31分的哈登说，“1：3落后，在客场被拉开19分的分差，很容易就会放弃，然后寄希望于下一年，但我们坚持了下来，克服了困难一拼到底。”

首轮突破，次轮逆转，休斯敦火箭队斗志高昂地踏上西部决赛的征途，他们的对手是由MVP库里带队，常规赛豪取67胜的金州勇士队。勇士队与火箭队有相似之处，都拥有强劲的进攻火力，三分球如狂风暴雨，但勇士队又有和火箭队不同的地方，他们的防守更好，常规赛防守效率联盟第一。

系列赛前三场，休斯敦火箭队清楚地感受到了与对手在防守端的差距，火箭队的场均得分被压制到95分，三分球命中率28.6%。火箭队连败三场，哈登在第四场拿到45分扳回一局。然而，灾难在第五场降临了。

哈登11投2中，全场只得到14分，更糟糕的是还出现了12次失误，创下NBA季后赛历史失误新纪录，哈登在这场比赛中迷失了。金州勇士队针对火箭队单核驱动的特点，先是用车轮战术，分派不同的防守人轮流盯防哈登，对他造成消耗，一旦哈登单打突破，马上切换到包夹模式，逼着哈登出球，考验火箭队其他球员的破解能力。

从哈登到他的队友，面对高压迫性的防守都未能给出有效回应，全队命中率仅为35%，三分球24投5中。90：104，休斯敦火箭队败下阵来，倒在了总决赛的大门前。

比赛结束，回到更衣室的哈登大哭了一场。“我很难过，很内疚，我没有打出正常的水平，一年的努力在此刻终结，这场失利让我十分痛苦。”哈登说。

无缘总决赛固然遗憾，但能够闯入西部决赛已经是远超赛季开始前的预期，失利带来沮丧，但哈登也从这个赛季看到了希望。

“回首这一年，我们有许多收获，我们要继续努力，下个赛季变得更加强大。”哈登说。

PART

James

（4）

Harden

登峰造极 独步天下

第1章

迷茫，爱情困惑

JAMES HARDEN

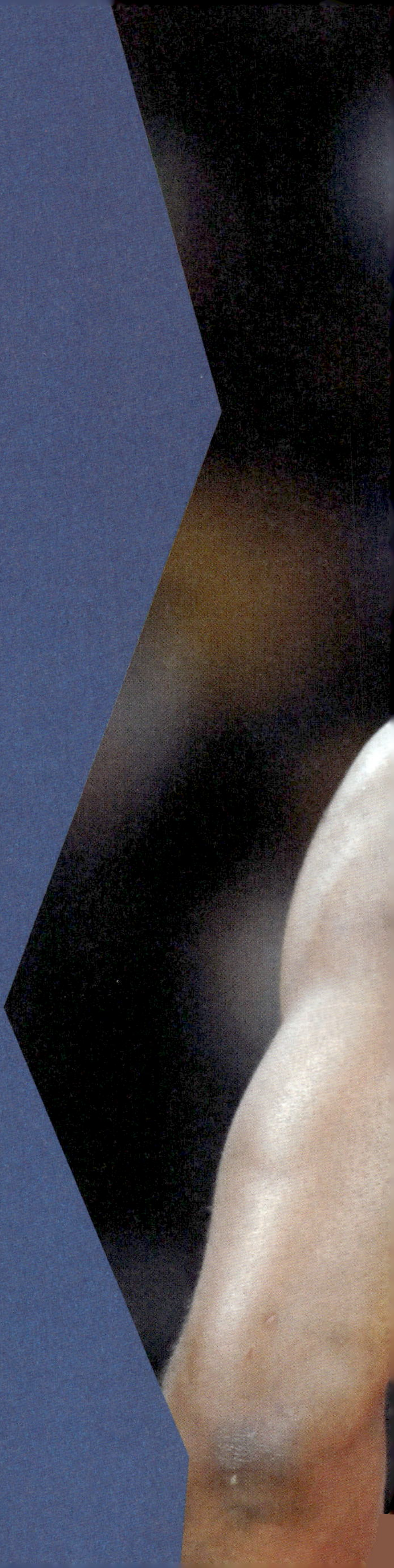

HARDEN
13

2015年休赛季的哈登，因为与著名的卡戴珊家族成员的情爱纠葛，被牢牢锁定在了本应照耀在娱乐圈的聚光灯下。**简单来说，哈登在这个夏天和卡戴珊家族的三妹——科勒·卡戴珊恋爱了。**

科勒·卡戴珊生于1984年，是一名演员、模特和主持人。作为卡戴珊姐妹中最先火起来的一位，科勒在美国拥有很高的人气，粉丝众多的她可以算是娱乐圈的一代顶流。

科勒的第一任丈夫拉玛尔·奥多姆，曾效力于洛杉矶湖人队，获得过NBA最佳第六人的荣誉，是2008—2009赛季湖人队夺得总冠军的功臣之一。两人自2009年的一场派对相识相恋，并闪电般走入婚姻的殿堂。

然而，随着时间的推移，被卡戴珊家族带入娱乐圈聚光灯下的奥多姆，被晃得眼花缭乱，而球场表现不顺，这让幼年时期命运多舛又神经脆弱的奥多姆开始变得自暴自弃，一些恶习也逐渐显露。他不但经常出入风月场所，还沾染上了毒品，2013年，忍无可忍的科勒正式与其提出分居。

2015年夏天，科勒与奥多姆的离婚事宜被提上了日程，此时她已经做好了万全的准备，要投入到一场新感情中去。很快，科勒和喜欢出入夜店的哈登相遇，两人感情迅速升温，如胶似漆、形影不离的状态给了娱乐圈的记者们很大的发挥空间。

不久之后，八卦媒体不但拍到两人共同出入夜店的照片，还记录下了他们在酒店激吻的画面。两人的恋情被曝光之后，一位澳大利亚的女大学生突然爆料，指出哈登曾经跟她发生过一夜情，导致哈登和科勒的感情一度降至冰点。

但不知是误会得以澄清还是科勒大度，冷处理了不过2个月后，哈登和科勒的联系再度频繁起来。8月9日的德鲁联赛分区决赛中，哈登拿到25分率领LAUNFD队以83：72战胜了开拓者队闯入决赛，科勒亲临现场为哈登助阵。

之后，在卡戴珊姐妹的生日派对上，哈登也大方现身，大有拜见家长之意。生日派对流出的一张照片把热恋中两人的浓情蜜意显露无遗——哈登和科勒拥抱在一起，亲密地说着悄悄话，看起来异常甜蜜。

但这样的画面对于7月刚签了离婚申请文件的奥多姆来说，却是极大的刺激。他不甘情场失意，竟然跑去科勒的住所附近蹲守。有目击者透露，当时奥多姆要求科勒跟他对话，还试图把手搭在她的肩上。科勒非常紧张地喊道：“别过来，离我远点儿！你是怎么知道我在这里的？”最终，科勒没有选择报警，而是加快步伐跑上自己的车迅速离开。

从科勒的反应来看，她很排斥与奥多姆见面。之前，为了和奥多姆彻底斩断关系，她还更换了自己的电话号码。而奥多姆则向记者表示他遇到科勒并不是“突袭”，而是双方约好的，对于科勒没有说实话，他感到难过，威胁要将两人间的一些秘密曝出来。

在一片喧嚣中，科勒希望通过正式公布与哈登的关系做出表态，她不但直接在社交媒体发布与哈登的合影，更提前一周飞往休斯敦，为庆祝哈登生日作准备。因为科勒坚定的态度，两人的关系稳定了好一段时间。10月，哈登与耐克的球鞋赞助合作到期，准备改换门庭，科勒的母亲詹纳一直在给哈登出谋划策，在哈登拿下与阿迪达斯2亿美元的丰厚合约中发挥了重要作用。

颓丧绝望的奥多姆看到故人已经有了精彩的新生活，自己却愈加沉沦，变得更加自暴自弃。2015年10月中，奥多姆因吸食过量毒品而晕倒，并陷入昏迷，甚至一度传出“脑死亡”的消息。正在与哈登热恋的科勒在得知奥多姆病危的消息后，立刻赶到医院。在此期间，为了让奥多姆保持情绪稳定，她还暂时撤回了与奥多姆的离婚申请。

在各种戏剧化情节不停上演时，哈登和火箭队也马上迎来了2015—2016赛季的NBA新征程。赛场是最凭实力和训练强度说话的地方。而在这个休赛期的夏天，因为和科勒相恋而一直霸占娱乐新闻头条的哈登状态大受影响；而且，他也因为脚踝的伤势减轻了训练强度，在2015年9月回归球队训练营的时候，哈登甚至出现了体重超重的情况。

显然，对于“红颜祸水”的说法，科勒嗤之以鼻，她表示自己与哈登交往期间，并没有耽误哈登的正常训练和比赛，哈登只是利用很少的闲暇时间陪自己逛街。科勒还强调说，自己不过是个场边人的身份，不可能有能力影响到他在赛场上的表现。

对此，见证了哈登和科勒相恋全过程的哈登的私人训练师罗兰德也有自己的看法：“哈登在和科勒在一起之后，的确还是会坚持进行一些训练。”为此，罗兰德还特意跟到了洛杉矶帮助哈登训练。但他很快发现，因为总是被娱乐圈的狗仔们盯梢，他给哈登安排的训练计划受到了很大的影响。“每次我们走回停在训练场外的车子时，狗仔们早就在那里等着我们，他们是怎么知道我们在那儿的，我不知道。”罗兰德说。很显然，他的言下之意科勒有透露他们行踪的嫌疑。

无论谁是谁非，反正过了一个“花天酒地”的休赛期的哈登被比赛教育了。他在2015—2016赛季的开局阶段表现得非常糟糕，在前3场比赛中，54投仅12中，三分球32投3中，火箭队也因此遭遇三连败。由于战绩严重低于预期，4胜7负的开局之后，火箭队选择了找主教练背锅，在2015年11月直接解雇之前就和哈登不睦的麦克海尔。

火箭队在对外发布对麦克海尔的解雇决定通稿时，所用的词语是冷冰冰的“relieve”，标题是“火箭队解除了凯文·麦克海尔的主教练职务”，整个声明甚至连一句谢谢都未提及。不论之前战绩如何、内部矛盾如何，火箭队此时此刻的这个举动对于一位名人堂的成员来说，显得十分冷血。

这样的做法也招致了同行对火箭队的抨击。时任马刺队主帅的波波维奇就站出来力挺麦克海尔，他认为火箭队这件事做得太过于绝情。“魔术师”约翰逊则直言：“这将是火箭队本赛季犯下的最大错误。”麦克海尔的妻子则愤怒地在社交媒体上三次发文，抨击哈登和火箭队管理层。

在火箭队管理层的设想中，用重金从雷霆队挖来的哈登是理所应当的球队“老大”，球队的一切都必须是围绕哈登来实现的。在哈登来到火箭队最初的几个赛季，他的确也给火箭队带来了新鲜的血液，火箭队渐渐从姚麦组合解体后的阴影中走了出来。不但连进季后赛，而且成绩越打越好。

但是哈登并不是一名攻防兼备的全能球员。来到火箭队后，他的防守问题一直饱受球迷们的诟病，甚至被贴上了“眼神防守”的标签。即使他在进攻端的表现足够出色，但是防守端的一系列问题却让麦克海尔很是担心。但对于麦克海尔的提醒，哈登一直不以为然。在过往的几个赛季中，哈登懈怠的防守也成了麦克海尔的一块心病。

2014—2015赛季火箭队打进西部决赛，创造了球队进入21世纪以来的最佳战绩，两人看起来关系和睦，麦克海尔甚至几度公开表扬哈登，但是一旦球队战绩不佳，哈登和主帅间的问题便暴露无遗。

据ESPN的统计数据显示：在火箭队2015—2016赛季噩梦般的开局中，他们在进攻端的效率值排名全联盟第24位，防守端的效率值和球队的三分命中率都是全联盟倒数第二。**糟糕的战绩，让上赛季的辉煌烟消云散。**

如果说哈登的问题在于缺乏战术纪律性，那麦克海尔给人的感觉则是太有战术戏剧性。麦克海尔不习惯用战术板，很多时候换人单凭感觉，而且他既纵容哈登又非常依赖哈登，当哈登状态不佳时，球队的状况就非常窘迫。由于主教练并未树立起自己的战术权威，明星球员自然觉得自己才是球队的胜负手，对主教练的尊重度与服从度就显著降低。

在麦克海尔被解雇之后的第一场比赛，哈登用45分、8个篮板和11次助攻的“准三双”表现战胜开拓者队，迎来了换帅后的首胜，也变相向前主帅麦克海尔证明：**“瞧吧，火箭队不能离开的是谁？”**

不过，因为有个明星女友，刚摆平了和主教练之间争端的哈登，还要分出些精力来应付自己的感情生活。在休赛期，由于奥多姆重病入院生命垂危，科勒很少有时间与哈登约会，但是哈登对此表示了理解。

科勒与哈登的感情危机，开始于奥多姆从洛杉矶的雪松·西奈医疗中心搬出之后。当时，科勒在没有为奥多姆找到合适的康复中心的情况下，把奥多姆接回了自己家中亲自照顾，这让哈登大为不满，无论是在电话中还是到洛杉矶打比赛时，他都对科勒抱怨频频。而科勒为了平息哈登的愤怒，转而在距离自己家几个街区的地方为奥多姆租了一个住处。

但这样的做法并没有抚平哈登的情绪，他选择的排解方式是去夜店。哈

ROCKETS
13
RTLAND
23
SPALDING

登的行为让科勒感到非常心寒。但科勒本身也不是一个会上演苦情戏码博取同情的人。12月，她在最新的真人秀节目中自曝最近与著名说唱歌手、前男友蒙大拿在演唱会上碰面，两人仍然非常有共同话题。而在那场音乐会的后台，科勒与蒙大拿之间的互动被一位目击者形容为“满满都是爱”。

得知此事后，哈登感到很不开心。据一位知情人士说，科勒在这件事情上面做得可能有点儿过了。“哈登现在需要面对的事情已经足够多了，火箭队现在打得很糟糕，再加上科勒与蒙大拿在外面约会，这让他难以应付。”该知情人士说道。

最让哈登感到郁闷的是，因为这件事情，他甚至遭到了队友们的嘲笑，这无疑让他感觉很没有面子。“他的队友正拿这件事情调侃他，因为大家都知道了科勒和蒙大拿的事情。”那位知情人士继续说道，“哈登的一位队友告诉他，他应该找一个喜欢摇滚乐团的女孩，为了科勒而头疼不值得。”

“哈登并不是一个容易嫉妒的人，如果科勒是陪在奥多姆的身边，他能够理解。但是她和另一位前男友一起去听演唱会？那就不太好了。哈登正在考虑科勒到底是不是适合他的女人。”

两人之间虽然已生嫌隙，但据著名娱乐新闻网站TMZ（美国名人消息网）爆料，哈登与科勒还是一起度过了2015年的最后一晚。

不过到了2月的时候，情况又起了变化。娱乐媒体好莱坞生活网报道，在第50届超级碗举行的当天，哈登与队友们一起去了比赛现场观战；而另一边，在比赛之前，科勒却带着奥多姆和姐姐金·卡戴珊在一起，他们先是在位于加州卡拉巴萨斯的家附近的地方徒步，随后一起观看了超级碗比赛。也就是在这一天，科勒在个人社交媒体上发表了疑似分手感言：**“每件事情的发生都有其原因。”**

之后不久，两人正式宣布分手，这场为期不到九个月的恋爱轰轰烈烈地开始，却以一地鸡毛收尾。

同样一地鸡毛的局面，是当时火箭队队内的情形。虽然哈登如愿以偿地挤走了麦克海尔，但篮球毕竟是一项团体运动，不能靠一个明星球员包打全场。解雇麦克海尔也并非所有队员都一致赞成，其中最大的反对意见就来自火箭队的另一位核心球员——“魔兽”霍华德。火箭队刚解雇麦克海尔时，霍华德就公开亮明了反对的态度。他表示自己和主帅相处得十分愉快，对于麦克海尔突然被解雇，感到很难过。

在2013—2014赛季，霍华德与哈登刚开始牵手合作时，不少人对魔登组合寄予了很高的期待。虽然火箭队的整体风格依旧是跑轰战术，这并不是霍华德最舒服的打法类型，但毅然决然离开湖人队的霍华德刚刚改换门庭，又有明显的投奔之意，便默认了哈登在球队的核心地位。

2014—2015赛季，霍华德饱受伤病困扰，而哈登则打出了一个MVP表现级别的赛季，率领火箭队常规赛排名西部第二。那时的哈登成了孤胆英雄和

救世主，掌控了绝对球权。等霍华德复出的时候，他才发现自己成了“酱油男”，战术安排基本围绕哈登展开，落入阵地也是哈登主攻，自己根本就没有战术地位。

麦克海尔当主教练时，引进霍华德就是为了提高火箭队的内线水平，他对霍华德的能力深信不疑，会想方设法地协调两人在进攻端的关系。但麦克海尔走后，哈登喜欢单打的作风被进一步扩大，从表面上看是削弱了火箭队的内线实力，但是对霍华德而言最要命的是，他的内线单打能力被闲置了。在唯一替霍华德说话的人也离开了之后，他感觉异常孤独。

虽然哈登爱玩爱闹，性格也算不错，但他与霍华德之间的沟通确实很不到位。霍华德曾经表示：“哈登并不是那种会主动问你有什么问题的人，

而我也不是。当我看到自己不喜欢的事情时，我宁愿戴上耳机来逃避这一切。”

这样的状况在2016年3月15日到4月11日期间达到了灾难般的境地。在连续14场比赛中，霍华德的出手次数都不足10次。而当时的火箭队教练组还认为是他的态度有问题，不好好防守。霍华德被激怒了，他找到了当时的火箭队总经理，希望能解决场上的球权问题。可霍华德的要求不但被拒绝，而火箭队管理层接下来的举动更是让他心凉，“霍华德，等待交易中”，是他们几乎公开传递给联盟其他球队的信息。

如此状态下的两人，在场上形同陌路，有时甚至需要岔开上场时间以避免战术上的“非暴力不合作”。就这样，在哈登到火箭队的第四个赛季，他的个人数据相比于前两个赛季直线下滑，三分球命中率创新低，失误数更是达到了创纪录的新高，防守端回归到了初入联盟的水平。

但哈登毕竟有超级巨星的底子在，他不但做到了职业生涯首次82场首发全勤，而且依旧在场均上场时间的38.1分钟里，获得了场均29分、6.1个篮板、7.5次助攻的耀眼数据。这个成绩在联盟中排名得分榜第二，助攻榜第六。

不过在整个赛季中，哈登的个人负面新闻太多：休赛期与奥多姆、科勒二人的纠缠，赛季中挤走麦克海尔的霸道，整个赛季与霍华德曝出关系不和的纷扰，都对他的个人形象造成了很大的损害。作为商业联盟的NBA，可不希望代表他们门面的明星球员是这样的公众形象。所以当年的全明星赛，哈登仅以替补的身份入选。

整个2015—2016赛季，火箭队整支球队的命运也基本寄托在了哈登一人的身上。当他打得顺的时候，可以吸引包夹，外线的投手们就可以获得更多的三分球机会；但当他突破投篮受阻的时候，球队的整体进攻就很难运转。

仅靠一人的体系，让火箭队整个赛季都在季后赛的边缘徘徊，最后还是因为直接竞争对手爵士队在关键时刻掉了链子，才让火箭队凭借41胜41负的战绩排在西部第八，勉强搭上了季后赛的末班车。

打入季后赛的火箭队，迎来了在常规赛中创下了73胜纪录、有着“宇宙勇”称号的上赛季冠军——金州勇士队。要知道，两支球队在前一年还是西部决赛的对手，而此番再相遇，却已有了“王侯”与“草莽”之别。双方的战斗只持续了5场，火箭队就被勇士队以4∶1的大比分轻松淘汰。

在两队系列赛的第一场比赛中，勇士队的头号球星库里脚踝受伤，缺席了接下来的两场比赛，好不容易复出后，在第四场比赛中又扭伤了右膝，这几乎相当于直接让了一个超级巨星。然而面对已经建立了成熟攻防体系的勇士队，在双方的5场比赛中，火箭队总共丢了550分，场均失分高达110分，火箭队输掉的四场比赛，一共输了95分，双方的实力差距不言而喻。

哈登依旧是当赛季火箭队唯一入选全明星和最佳阵容的球员，场均得到26.6分、5.2个篮板、7.6次助攻的出色成绩。但双拳难敌四手，被对手全面“照顾”的哈登，场均失误也达到了5.2次之多。身为当时联盟第一分卫的哈登，被勇士队同位置的克莱·汤普森遮盖住了光芒。他的努力在一场场的大溃败面前，显得苍白无比。

双方的最后一场比赛，火箭队以81∶114被勇士队击败，止步首轮季后赛。拿到了35分的哈登开始意识到自己和球队存在的问题。在赛后采访中，他表示：“整个赛季从一开始就不在我们的掌控之中，有太多分心的事情，就像走在一条不停颠簸的道路上。”

在谈到未来时候，哈登说：“我必须变得更好，从个人方面必须有所提高，也需要升级球队阵容实力，下个赛季我们将带着信心回来，并拼命训练，住在训练馆里。再回来的时候，我会成为一名更好的球员。这是一个令人失望的赛季，下赛季必须有所改变。”

一个月后，NBA的2015—2016赛季最佳阵容评选结果出炉，哈登名落孙山，连最佳阵容第三阵容都没能入选。

救赎，控卫山巅

JAMES HARDEN

第 2 章

ROKiT
HOUSTON
13

哈登落选最佳阵容的这个月，火箭队的管理团队也已经开始了紧锣密鼓的调整工作。上个赛季，他们在球队成绩表现不佳时早早撤掉了主帅麦克海尔，而在这个休赛期，他们选择放手让主力中锋霍华德转投老鹰队。分崩离析的表象下，是火箭队再次围绕哈登进行人员调整、把“魔球理论”贯彻到底的决心。

首先确定的是球队的主帅人选，火箭队总经理在斯隆峰会上与德安东尼的相遇促成了他们的合作。成为意向人选后，德安东尼在与火箭队的老板莱斯利·亚历山大的面试中，给对方留下了深刻的印象。

经过双方协商，德安东尼与火箭队签署了一份为期4年，总价1600万美元的合同。除了主教练外，火箭队还将为德安东尼配备一套有经验且高水准的教练班子，其中包括负责防守的灰熊队前助教杰夫·布兹德里克。

聘用德安东尼，意味着火箭队请来了一名能进一步提升哈登的控卫大师。

德安东尼在2004—2005赛季执教太阳队时，靠跑轰战术激活了纳什，并荣膺NBA最佳教练。而“跑轰大师”上任成为火箭队主帅抵达休斯敦后，做的第一件事就是与球队头牌哈登见面。

德安东尼向哈登阐述了自己的改造计划。在德安东尼看来，哈登是个人进攻能力强化版的纳什，哈登转型成为控卫无论对他个人发展还是对火箭队冲冠来说，都是最有利的选择。这既解决了哈登需要大量持球，无法与传统控卫兼容的问题，又最大程度上发挥出了哈登处理球的能力。

“我们对他的游说很顺利，他也很感兴趣，”德安东尼说，“他有足够的视野、传球能力来担任控卫，他也有力量、身材等成为一个优秀控卫的一切条件。”彼时，哈登还陷在一个令人失望的赛季的苦恼中，而德安东尼所描绘的蓝图无疑让他憧憬满满。

在引进了德安东尼之后，火箭队还迅速进行了相应的阵容调整，放弃霍华德扶正卡佩拉，还完成了两笔重要的引援——签下鹈鹕队擅长三分球投射的埃里克·戈登和莱恩·安德森，辅以原来的阵容班底。

2016年7月10日，火箭队和詹姆斯·哈登重新签订了一份合同，新合同为期4年，价值1.18亿美元。哈登下定决心，要在火箭队再大干四年。“我很开心能继续在这里待四年，”哈登说道，“对我而言，这里就是家。”

这个休赛期，哈登并没有公开说自己要做什么。但是他放弃了巴西奥运会，选择留在国内训练，与新教练、新队友见面。他放弃了曾经最爱的夜店和纠缠不清的感情生活，把所有的时间都花费在训练场里，针对下赛季的新体系，开始进行全面的准备。

这期间严酷的魔鬼特训对他的帮助包括：专门调整了投射，出手速度明显加快；强化防守，进行横移、敏捷性、核心力量训练；专门训练持球脚步；加强了后撤步、背身单打、快速处理球（加快出球速度）、无球跑位进攻等基本功训练。

2016年10月18日，在新赛季开赛前，NBA官网公布了一年一度的总经理大调查，被最佳阵容“遗忘”的哈登却被联盟的职业经理人们充分认可，他被选为最佳得分后卫。

新赛季开始后，人们明显感觉这支火箭队和他们的领袖哈登开始变得有点儿不一样了。曾经，火箭队重攻轻守的理念，遭到过无情的嘲讽。他们进攻混乱、防守涣散，被球迷戏称“死亡五漏”的体系更是千疮百孔。

而德安东尼的到来，彻底让火箭队焕然一新。在跑轰体系下，本赛季火箭队场均能得到115.3分，书写了球队历史的巅峰。也正是这套战术，为球员们创造出了更加充分的移动空间，无论是主角还是配角，似乎每一位火箭队队员，都能在德安东尼的篮球哲学中找到自己的位置，并重新找回打篮球的乐趣。

阿里扎和贝弗利彻底摆脱了外线防守者的单一印象，被激发出更多的进攻才华。两位鹈鹕队的旧将戈登和安德森也走出了生涯的伤病阴影，在火箭队迎来新生。整个赛季，戈登成了火箭队的二号得分手，赛季中三分球命中数一度超过勇士队的“水花兄弟”——库里和汤普森。

两位低薪高能的新援——路易斯·威廉姆斯（简称“路威”）、内内，发挥也让人眼前一亮。路威离开洛杉矶，避免了沦为湖人队高层内斗、重建的牺牲品的厄运。他加入火箭队的首战，就展现出了自己联盟顶级的即战力，整个赛季路威场均入账15.1分，是火箭队的三号得分手，他与戈登组成的第六人双保险，更是令联盟其他球队垂涎不已。

“巴西野兽”内内在奥运会之后，被火箭队管理层引进。作为闯荡江湖多年的老兵，内内对于德安东尼的战术思路有着更深的理解。比赛中，他与哈登之间的挡拆配合，更是成为其他内线纷纷效仿的经典模板。

在德安东尼这一升级版的跑轰体系下，人人可战，人人能战，火箭队这一赛季的团队氛围热烈、积极，哈登彻底被解放。他无须再刻意照顾内线的感受，他可以随心所欲地控球组织，观察队友的跑位，他可以在球场上的任何位置送出助攻，也能抓住一切时机施展自己的单打才华。

哈登最明显的进化是从一个顶尖得分手变成了顶级得分手兼传球手。从球场表现来看，他在进攻上明显打得更轻松、高效，少了强行突破和制造犯规，投篮更多，关键时刻能扛起进攻大旗。在防守上，虽然技术水平的提高不明显，但态度端正了很多。最关键的不同还是体现在统领球队上，哈登终于找到了身为绝对权威的自觉，在比赛的休息和暂停时段，经常能够看到他把年轻球员叫到身边指导。

2017年1月20日，NBA官方正式宣布了2017年全明星东西部首发阵容名单，哈登入选全明星西部首发阵容，这是他连续第5年入选全明星正赛。他用自己的表现证明了自己担得起新一代超级巨星的称号。

在哈登的自律、德安东尼的跑轰体系和三军用命的良好球队氛围中，火箭队在赛季初不被看好的情况下，最终排在西部第三。德安东尼的战术用115.3分的场均得分将21世纪的火箭队带到了一个前所未有的高度，而其中最大的受益者当然是哈登。

这个赛季，哈登迎来了个人表现的全面爆发，他均得到29.1分、8.1个篮板、11.2次助攻，还贡献了22次三双，并成为NBA历史上第一位单赛季得分2000+、助攻900+、篮板600+的球星。如今的火箭队，再也不是那个一到关键时刻就掉链子的球队了，他们成为了真正可以打硬仗的球队。

对于哈登来说，他在助攻方面的表现真正达到了篮球生涯的巅峰。哈登本赛季总共有59场比赛助攻数达到两位数，单场超过15次助攻的比赛有11场，赛季个人单场助攻数最高纪录为17次——而且一共出现过4次，分别是在对阵湖人队、灰熊队、尼克斯队和鹈鹕队当中获得。

这是哈登转型控卫的第一个赛季，他不但首次拿到常规赛季场均两位数的助攻，还凭借此数据一举获得了联盟助攻王的称号，成功地从一个得分后卫转型为控球后卫，成为名副其实的双能卫。显然，德安东尼的打法让他如鱼得水。而且，相比沃尔和威斯布鲁克来说，哈登作为指挥所带来的比赛带动效应更明显，球队战绩也更为出色。

但常规赛的惊艳表现，还不足以让哈登在个人荣誉的竞争中获得足够的优势，因为这个赛季联盟有一位体现了极致的个人英雄主义的球星，也是哈登在雷霆队的前队友——威斯布鲁克。威斯布鲁克在杜兰特离开的第一个赛季，成为雷霆队当之无愧的攻防核心，上演了他职业生涯最疯狂的表演。

虽然哈登的转型已经非常极致，并且带队打出了55胜27负的战绩，高居西部第三，但蜕变主题的故事的感染力显然比威斯布鲁克弱了许多，虽然雷霆队整个赛季比火箭队少赢了8场，但威斯布鲁克震撼性的个人数据，再加上个人英雄主义光环的加持，让哈登遗憾地和自己的第一个常规赛MVP擦肩而过。

哈登与威斯布鲁克都是来自洛杉矶的球员，在男孩女孩俱乐部相识，两人也是进入联盟后的首任队友，他们之间的关系一直保持得非常不错，特别是杜兰特选择加盟勇士队之后，哈登虽然没有明确表示，但是却一直用行动支持着威斯布鲁克。在两队有比赛碰面的时候，他们都会在赛前亲切地拥抱和交谈。

在别人质疑威斯布鲁克的时候，哈登会说："你们去看看他到底拿了多少次三双，他包揽了球队的进攻、篮板和组织，他在扛着整个球队前进。"所以，此次MVP被威斯布鲁克夺走，虽然哈登略有遗憾，却也不会放在心上，他更关心的是火箭队在季后赛中能走多远。

季后赛的首轮系列赛，哈登所在的火箭队的对手正是威斯布鲁克所带领的雷霆队。两人都是单核带队，虽然威斯布鲁克数据出色，但是他很多时候处理球过于冲动，而雷霆队的外线主要得分手奥拉迪波也表现失常，效率奇低，整个季后赛场均仅有10.8分、5.6个篮板的数据进账，命中率更是低到尴尬的34%。

而另一边，哈登则打出了完美的表现，5场季后赛场均拿到33.2分、6.4个篮板、7.0次助攻、1.6次抢断、0.6次盖帽的华丽数据，场均得分更是创造了生涯新高。而且哈登能更好地带动队友，效率更高，关键时刻也常常比威斯布鲁克更加稳定。此消彼长间，雷霆队最终输给火箭队也不稀奇。

迈过雷霆队之后，火箭队在西部半决赛的对手是老辣的马刺队。哈登和他的火箭队在首场比赛便取得了分差达27分的大胜。但是顽强的马刺队怎么可能轻易认输，五场比赛之后火箭队已经2：3落后。

在濒临淘汰的第六战中，火箭队和哈登都迷失了，半场落后19分，完全被马刺队压制住，全场比赛哈登只有11投2中，得到10分、3个篮板、7次助攻，同时还有6次失误和6次犯规，本场比赛马刺队的伦纳德甚至还没有登场，火箭队就以39分的分差惨败。没有人知道哈登为何在这场比赛中如此低迷，就这样轻易地放走了一个赢球的机会。

西部半决赛这轮系列赛，哈登场均得到24.5分、4.7个篮板、9.7次助攻、2.2次抢断，但是却有高达5.1次失误，命中率仅有38.5%。关键的天王山之战，哈登的绝杀机会被吉诺比利盖掉，导致火箭队2：4被马刺队淘汰，这一轮系列赛哈登的场均得分创造生涯新低。在MVP的颁奖典礼上，哈登并没有表现得过于失落，但是在火箭队2016—2017赛季的最后一场比赛中，哈登却是满脸落寞。

对于哈登来说，唯一的安慰是2017年5月19日NBA官方公布了2016—2017常规赛的最佳阵容，他成为首位全票入选最佳阵容第一阵容的球员，这也成为对他本赛季常规赛表现最大的认可。

纵观整个赛季，哈登实现了球技的升级。除了少数几项技术（背身单打、脚步、无球、防守）还需要大幅提升，其他的大部分核心技术都已经接近完善，进入到另一个境界了。

主帅德安东尼对其打法和球队系统上的调整，促使哈登加速实现了自身的完美蜕变。在火箭队拿到教练生涯第500场胜利的德安东尼说：“这是我执教过的最好的球队之一。”而哈登则表示：“这才是我打控卫的第一个赛季，

我会继续进步的。”

更进一步的哈登和火箭队会有多出色？我们难以想象。但我们知道的是，哈登和火箭队正走在一条正确的道路上，并且一直努力地挑战着自己的极限。他们，都还在走向未来的路上。

MVP，王者杀手
JAMES HARDEN

第3章

ROCKETS
13

哈登在2017年休赛期的最大收获，是更新了自己的球员合同。据火箭队老板亚历山大所述，此次与哈登签下的是一份提前续约合同，这份合同为期4年，总价达到2.28亿美元，这份新合同让哈登超越了库里，成为联盟最大金额合同的拥有者。

之所以哈登的这份合同比库里的总价要多，是因为哈登是在现有合同的基础上完成的延期：哈登的原合同是4年1.18亿美元，可以在2018—2019赛季结束后跳出，而火箭队这份提前续约合同是从2019年开始延长4年，也就是在2017—2018赛季的2830万美元和2018—2019赛季的3040万美元之后，延长的4年2.28亿美元合同，新合同将让哈登留队至2022—2023赛季结束。

这一切都是来自新版劳资协议中的“指定老将条款”，为此火箭队管理层特意提出将限定规则从“必须本队选中”改为“新秀合同期间被交易来”，以及将“连续两年最佳阵容”改为“过去三年中两年入选最佳阵容”。

火箭队老板亚历山大表示：“很高兴我们可以和哈登达成一份长期续约合同，自从来到火箭队，哈登的职业道德、对胜利的追求和热情，让他成为这项运动历史上最特别也最有天赋的超级巨星之一，此外哈登对火箭队和休斯敦，乃至全球火箭队球迷许下的承诺，让他成为我们冲击总冠军道路上的完美领袖，这一天如此令人兴奋，我为哈登和他的家庭感到高兴。”

哈登则投桃报李，他表示：“休斯敦是我的家，亚历山大先生说，他会为我和我的队友赢得更多比赛而努力，力争夺得总冠军。”

亚历山大和火箭队管理层的努力不是一句空口许诺，他们为哈登带来了一位顶级队友，快船队的组织后卫、联盟中最好的控场大师——克里斯·保罗。

火箭队很早就表现出了对保罗的极大兴趣，哈登也在招募保罗的过程中起到了重要作用。在火箭队构想的未来蓝图中，保罗看到了梦想的彼岸。毕竟，已经32岁的他要为未来打算，而每况愈下的快船队绝不是最后的落脚点。

由于保罗不是自由球员，火箭队没有足够的薪金空间，无法直接签约保罗。**为了得到保罗，火箭队可谓不惜一切代价，送出的筹码包括贝弗利、威廉**

姆斯、德克尔、哈雷尔、威尔哲、利金斯、希利亚德，以及2018年首轮选秀权和66.1万美元现金。

保罗的交易是总决赛结束后的首笔重磅交易，保罗与哈登组成的“灯泡组合”让火箭队初步拥有了抗衡勇士队和马刺队的实力，极有可能改变西部联盟的格局。人们普遍认为，上赛季火箭队曾多次在第四节拼到弹尽粮绝，其中一个重要原因就是哈登的体能不足。而有了保罗，哈登的体能就可以得到保留，关键时刻处理球的人选也更为丰富。

现在的哈登已经晋升为联盟顶级球星，保罗也在过去的13年里证明了自己的实力，虽然很多人担心球权的分配问题，但在转型前，哈登已经被公认为是NBA最好的得分后卫，回到二号位会得到更多的自主进攻机会。

7月15日，火箭队为保罗的正式加盟召开了新闻发布会。一同出席的有他的新搭档哈登、主教练德安东尼和火箭队管理层。保罗在接受采访时表示，目前他满脑子都想着胜利。他曾在采访中透露过自己的伟大愿望：“如果不是为了打败勇士队，不是为了赢得总冠军，那我们到底是在干什么？”

火箭队开局势头迅猛，揭幕战险胜勇士队，证明了这支火箭队有能力战胜勇士队，赛季结束火箭队拿到联盟第一的战绩，这支火箭队只要保持状态就是联盟最强的球队之一。

令人遗憾的是，保罗在揭幕战之后便因伤高挂免战牌，哈登再次一个人支撑着球队。只是所有人都能看得出来，新赛季的哈登更加强大，在保罗缺阵的那段时间里，哈登带领火箭队拿到了11胜4负的优异战绩，力压勇士队排在西部头名。而哈登本人的表现更加优异，**在赛季开始的前三周中，哈登两次夺得周最佳球员，并且毫无悬念地当选了新赛季首月的月最佳球员。**

虽然保罗在赛季初因伤未能上场，但是从他赛程后半段的表现以及季后赛的几场高光表现来说，还是很惊艳的。他出战的58场，火箭队50胜8负，而缺阵的24场，火箭队15胜9负，58场比赛中他场均出战31.9分钟，场均得到18.6分、5.4个篮板、7.9次助攻。即便有哈登场均8.8次助攻的数据分流，保罗和上个赛季在快船队相比，除了助攻，其他数据都不相上下。

可以说，在德安东尼对保罗谨慎又精妙的使用下，“灯泡组合”位置重

叠的隐患完全被“藏”住了。德安东尼说：“我们得到了联盟顶尖控卫中的两名，只需要对存在的问题稍加解决就行。保罗的到来，让我们场上随时拥有一名伟大的控球后卫，这绝对是有积极意义的，我一直认为他是全联盟最聪明、最优秀的控球后卫之一，我们会在不同的时候让不同的球员去控球，我非常确信这一点。”

谈到哈登能否与保罗分担压力时，德安东尼说：“他愿意做任何能帮助球队赢球的事情。也许我们会在大部分时间里让他重新担任得分后卫，而且有了一位名人堂级别的控卫，也会让哈登的压力小很多。”

火箭队的常规赛，哈登和保罗统治比赛的时间段是错开的，首发阵容几乎是以哈登单核为主，但在第一、第二阵容的转换时间里和第二阵容在场时的进攻下限是由保罗决定的，这让火箭队的两个阵容都具有足够的攻击力。

哈登在雷霆队的时候就可以打持球，到了火箭队之后更是得分、组织两手抓，虽然数据非常漂亮，但随着体力的消耗，失误也明显增多。而保罗生涯里最擅长的事就是组织、盘活球队。有了保罗的助力之后，在哈登累了、碰到难题、状态不好的时候，保罗就会站出来，去完成进攻，而哈登在这个时候只需要打打无球，只要不是两人的状态一起低迷，由保罗主导进攻也是火箭队很好的第二方案。

2017—2018赛季无疑也成为哈登生涯最成功的一个赛季，在个人数据方面，他以场均30.4分、5.4个篮板、8.8次助攻的表现生涯首次当选MVP，并首次成为联盟的得分王。在球队数据方面，火箭队以65胜17负的成绩力压勇士队成为西部第一，在那个赛季，当哈登、保罗、卡佩拉三人同时上场时，火箭队输球变成了对手的奢望。

面对如此表现的哈登，德安东尼不吝自己的赞美之词，在前主帅麦克海尔质疑哈登的领袖能力的时候，他毫不犹豫地站在哈登一边，而且直言自己看到的哈登“已强大得令人难以置信”。

“我所能做的只是谈谈我所看到的，那就是他已经强大得令人难以置信，”德安东尼说道，“显然，我去年能够收获年度最佳教练是因为他和球队

其余10位球员。”

“我要求他去做的任何事他都完成得很好。上赛季我要求他做了很多事，去打控卫、去指挥防守等，他表现得十分出色。”德安东尼继续说道。

“我们之间产生了极好的化学反应。他是第一个在夏天凝聚起所有人的人，也是那一整年将球队凝聚在一起的人。而麦克海尔所说的那些我一概没看到。对我而言他已经足够强大。”

对于哈登来说，这注定是一个收获的赛季，虽然保罗复出后火箭队变得更加不可阻挡，但是谁都知道，这支球队的灵魂和支柱是哈登。赛季开始的两个月，不管MVP排行榜有多大的争议，哈登都一直牢牢占据着官方MVP排行榜的头名，而这是最没有争议的。

这个赛季的常规赛，哈登以场均得到30.4分、5.4个篮板、8.8次助攻、1.8次抢断的成绩，位列得分榜第一，助攻榜第三，带领火箭队牢牢占据着全联盟第一，取得了打破球队历史纪录的胜率。也许本赛季的MVP之争真的已经早早失去了悬念。而这一切，都是从上赛季火箭队被马刺队淘汰，以及威斯布鲁克当选MVP时开始的。**因为从那时起，哈登真正下定了追逐奖杯的决心。**

要知道，火箭队上一个拿到MVP的球员还是1993—1994赛季的奥拉朱旺，在那之后的24年里，MVP一直与火箭队的球员无缘。虽然去年哈登无限接近MVP，但是最终还是失之交臂。今年，MVP终于属于了哈登。

就像哈登的高中教练斯科特·佩拉所说："我觉得他之前几年本该拿到MVP的，但他没做到。为了这个时刻我等了4年，他成为了MVP，但他的路还长着呢，加油。"

ROCKETS
13

PART 5

James Harden

抗击王朝 咫尺天涯

赛点，痛失良机

JAMES HARDEN

第1章

HOUSTON
13

当2017—2018赛季季后赛快要来临的时候，哈登与口力（Trolli）软糖的合作将他送上了《GQ》五月刊的封面。当时口力已经推出一款哈登的联名软糖，形状跟他在阿迪达斯的签名鞋一样，同时推出的还有名为“最具价值胡子”的系列球星卡。在《GQ》色彩缤纷的拍摄现场，哈登表示口力要向软糖界的绝对霸主哈里波（Haribo）发起挑战。

“这不是一朝一夕的事情，”他的声音低沉而平稳，**“你只能不断努力，然后寻找到通往伟大的道路。不断调整，不断适应。我们的目标是成为冠军，不是一时的冠军，而是，你知道，长期的那种。”**

你很难判断他谈论的是软糖还是篮球。

从篮球方面来说，哈登正处在职业生涯最光辉也最具挑战性的时刻，在接受《GQ》采访时，虽然赛季还没有结束，但他几乎已经确定会获得2017—2018赛季的MVP，而他的休斯敦火箭队，整个赛季都是所向披靡。主教练德安东尼盛赞哈登是“执教过的最好、最优秀、最伟大的进攻球员”，而媒体也已经开始谈论哈登是否可以取代詹姆斯成为联盟第一人，但如同詹姆斯在2012年以前的问题一样，哈登的弱点也是显而易见的：他还差一枚总冠军戒指。

所有个人能力卓越却又迟迟不能赢下最高荣誉的运动员，都像是没有草莓的蛋糕或者失去明珠的王冠，他们会成年累月地面对媒体的攻讦，“关键时刻掉链子”“没有团队意识”甚至是“天生不是个赢家”。而想要打破这种惯性的评价，唯一的办法就是夺取总冠军。

2017—2018赛季是哈登

夺冠的绝佳机会。季后赛第一轮，面对明尼苏达森林狼队，哈登场均得到29.0分、4.8个篮板、7.4次助攻，帮助休斯敦火箭队4：1晋级。第二轮，犹他爵士队也没能给哈登和他的火箭队带来太多麻烦，火箭队依然是五场比赛获胜，而哈登在这个系列赛中的场均数据为28.0分、5.2个篮板、7.4次助攻。

他们的下一个对手，是金州勇士队。上赛季，勇士队不费吹灰之力在总决赛中五场击败勒布朗·詹姆斯和凯里·欧文率领的克利夫兰骑士队，而他们今年的阵容几乎没有任何变化。尽管火箭队拥有这个赛季联盟最好的成绩，但这一支金州勇士队或许是NBA历史上最好的球队。

“我的意思是，”哈登说，“他们真的很强。”他的语气绝不轻松。按照火箭队的说法，赢得总冠军的关键就是击败勇士队，只要他们能闯过最难的这一关，他们就可以走到最后。在火箭队从总经理到球员的描述里，勇士队基本上就是他们要通关游戏之前必须干掉的“终极BOSS”，而对于哈登来说，与勇士队的对决也拥有着对于他个人的意义：他和凯文·杜兰特曾经一起成长，并肩战斗，享受过胜利的喜悦，也一起经历过2011—2012赛季总决赛的失败。杜兰特已经跟勇士队一起弥补了缺憾，但哈登还没有，所以要如何在旧友面前证明自己不比对方差，这便成了他面前的挑战。

勇士队那边对火箭队也是不无忌惮，在赛前，主帅科尔盛赞哈登和保罗是“这个联盟里技艺最精湛的一对组合”，而库里则称哈登为“制造犯规的天才”，说那是一种“真正的艺术”——因为哈登整个常规赛季出战了72场比赛，却造成了对手561次犯规，场均7.79次；与此对比，杜兰特出战了68场比赛，造成了对手373次犯规，场均制造犯规次数不过5.49次。

无论如何，双方都给予了对方极高的评价和尊重，媒体和球迷们的兴趣也被激发到了最高点。然后，大战到来。

第一场，勇士队敏锐地抓住了火箭队在第三、四节哈登和保罗轮流带领轮换阵容上场的机会，将分差扩大到10分以上，最后以119：106取得比赛胜利。哈登拿下了全场最高的41分，但是无济于事，德安东尼赛后甚至半开玩笑地说：“哈登下场大概得拿到55分才能赢。”

但是第二场，火箭队更改了战术，他们采用了更加灵活的传球战术，大幅度降低了球队对哈登个人能力的依赖，所以尽管哈登只拿下了27分和10个篮板，但火箭队却以127∶105轻松获胜，将大比分扳为1∶1。

第三场，勇士队几乎没有给火箭队留下丝毫喘息的机会，回到主场的他们似乎完全掌握了火箭队的命门，让火箭队的全队命中率不足40%，而找到三分球节奏的库里则是带领着球队开始轻松地得分。火箭队在最后24分钟里只得到了一次罚球机会，当比赛结束时，比分定格在126∶85，是的，勇士队让火箭队遭受了自哈登时代以来最惨痛的失利。

德安东尼在赛后失望地将球队的表现评价为“软弱不堪”，而媒体则迫不及待地为哈登和他的火箭队安排好了接下来的“剧情”。《体育画报》的网站上用大标题写着：“哈登的声誉悬于一线。”哈登和他的火箭队经历过类似的事情，2014—2015赛季季后赛第一轮、2015—2016赛季西部决赛、2016—2017赛季对阵马刺队，火箭队总是一开始表现得很顽强，然后在一场惨痛的失利过后，哈登突然就从场上“消失”了，球队也就此崩溃了，赛季的前程就会这样断绝。

哈登和火箭队会重复这样的历史吗？《体育画报》提醒球迷们，下一场比赛还是会在勇士队的主场进行，而勇士队自2016年后在主场的季后赛保持全胜。

第四场的开局似乎印证了《体育画报》的预言，库里和杜兰特带领着勇士队全线开花，在比赛前5分钟就取得了12：0的领先。火箭队叫了一次长暂停，球员们仿佛这才终于想起来该如何打篮球，在第一节结束的时候，他们依然落后9分。

第二节比赛中火箭队开始苏醒了。保罗和哈登开始了他们的轮番表演，迅速将比分扳平，而勇士队那边却遭遇不幸，克莱·汤普森的膝盖受了点轻伤，被迫返回更衣室处理，尽管汤普森最后还是回到了赛场，但火箭队已经打出了气势。这一节最高光的时刻当数火箭队落后5分的时候，哈登从弧顶持球长驱直入，轻松甩开防守和试图干扰他的勇士队球员，最后在德雷蒙德·格林头上来了一记暴扣。半场休息的时候，火箭队已经领先了7分。

然而勇士队是什么样的存在？他们是这几个赛季无可争议的王者球队，他们总有在第三节甩开比分的“疯狂”事迹。库里再次火力全开，他一度打出了个人连取11分的小高潮，勇士队再次夺得场上优势，领先了10分。

第四节比赛属于休斯敦火箭队。哈登在比赛还有9分59秒结束的时候回到场上，然后他立刻吸引了对方的防守注意力，而其他火箭队球员则趁机打出了9：0的小高潮。随后哈登带领着阿里扎和戈登开始追分，在反超比分之后，几乎是勇士队每打进一个球，就一定会得到火箭队几乎相同的回应。双方就这样保持着2到4分的差距，但火箭队没有再交出主动权，随着汤普森在比赛最后2秒钟的跳投不中，火箭队取得了比赛的胜利，将系列赛重新拉回到2：2的平局。

ROCKETS
13
Rakuten
30

哈登整场比赛拿下了全队最高的30分，但他在赛后并没有过多谈论自己的表现，“我们是一个团队，”他停顿了一下，“我们是一个非常出色的球队。”

一个月前，在接受《GQ》采访的时候，哈登承认他从2011—2012赛季之后，就一直梦想着重返总决赛。“我就想回去，回去，回去，”他重复了三遍以示强调，“一度非常接近，但我们的天赋就是不太够。直到现在，情况完全不同了。”

克里斯·保罗的加盟让哈登感觉到了久违的轻松，而埃里克·戈登则让火箭队的板凳深度得到了极大提升，有他们在，即使哈登的投射状态不佳，火箭队依然能够保证与强队一战的实力。比如接下来的这一场比赛，2018年5月24日，火箭队主场，西部决赛的天王山之战。

哈登全场比赛21投5中，三分球更是11投0中，他只拿到了19分，却有6次失误。但保罗扛住了压力，他仿佛又成了那个灵巧、快速又全能的全明星控卫，指挥着火箭队冷静地推进比赛。保罗最终得到20分、7个篮板、6次助攻和3次抢断，在哈登发挥失常的时刻，他成为火箭队这场比赛的顶梁柱。同样重要的还有戈登，他替补登场砍下24分，并且在最后关键时刻抢断，断绝了勇士队追上比分的最后希望。

赛后哈登罕见的投篮问题成为媒体关注的重点，他已经连续20记三分球不中了，这是他职业生涯以来（无论是常规赛或是季后赛）最长的一次三分球危机。他在新闻发布会上对问起这件事的记者严词厉色地回应：“谁在乎呢？我只是投丢了一些球，但我们赢了。”

是的，火箭队98：94战胜了勇士队，拿下了天王山之战的胜利，现在，他们拿到了赛点，距离2017—2018赛季NBA总决赛只差一个胜场。

但这场胜利带来的并不全是喜悦与希望，保罗在比赛最后一分钟因为右侧大腿受伤而被迫离场，而据医生的初步诊断，这次意外受伤可能会让他缺席第六场比赛。“他的精神不太好，”德安东尼在赛后谈起保罗的情况，“他很焦虑，他当然想上场……我们明天再看看情况会是怎么样。”

第二天，消息确认，保罗将缺席第六战。

但火箭队并没有轻言放弃，他们反而打出了一个极佳的第一节。哈登的三分球手感复苏，戈登、阿里扎、塔克、杰拉德·格林也都火力全开，火箭队以39：22领先17分结束第一节。但库里和汤普森在第二节都没有休息，两个人帮助勇士队追了7分，当比赛进入半场休息时，火箭队以61：51领先10分。

然而勇士队素来以第三节的一波流著名，这场比赛也不例外。下半场刚开始，勇士队就打出了11：0的小高潮，当此节比赛还有9分17秒结束的时候，库里的三分球入篮，甲骨文球馆仿佛成为金色的狂欢海洋。在短短两分多钟的时间里，汤普森扔进了两记三分球，杜兰特贡献了一记扣篮，而休斯敦只有投篮不进和失误。

第三节比赛结束时，勇士队已经84：77领先7分。然后从第四节开始，金州勇士队就拿出了严厉的防守态度，尼克·杨和队友们连续包夹哈登，将哈登防得密不透风。与此同时，汤普森命中了一记又一记三分球，而主场观众们几

乎沸腾了——这简直是一场三分球大秀，火箭队全场投中了15记三分球，但勇士队更胜一筹，他们扔进了16记。

当比赛终场，火箭队以86：115的比分落败，火箭队在后三节的得分是47分，几乎只是勇士队得分（93）的一半。全场拿下32分的哈登坚持说这不算什么："这不会改变我们，我们知道自己的责任和目标是什么，我们依然自信，我们是一个自信的团队，只是需要一个机会。"

哈登和火箭队等待这个机会，他们需要保罗的帮助，但医生反馈的结果却不理想。于是第七场赛前发布会，**火箭队主教练德安东尼宣布："保罗不会出战西部决赛的最后一场比赛。"**

以哀兵姿态出战的火箭队在比赛开始时拼尽全力地冲击着勇士队的防线，他们在第二节中段甚至领先多达15分，但失去保罗的火箭队归根结底只是一支单核球队，他们不得不用更多的跑动和更多的转移球来弥补个人能力上的缺憾。

然后，他们累了。

"火箭队打得太累了，他们有大量的跑位和换防，这大大消耗了他们的体力，"杜兰特在赛后说，"在场上我能感受到他们从某个时刻开始疲劳，哈登的运球开始变多，我们就顺势加强对他的防守，咬住比分，然后等到他们投不进球的时候，那就是我们的机会。"

火箭队的三分球失效了。从第二节的6分43秒开始，到第四节的6分27秒，他们连续投丢了27记三分球，创造了一个他们并不想要的NBA纪录。按照数据分析网站Five Thirty Eight的理解，像火箭队这样的三分球强队，27记三分球连续不中的概率为1/72000，在此期间，哈登投丢了10记，戈登投丢了7记，阿里扎投丢了6记；而他们在常规赛季的三分球命中率分别为36.7%、35.9%和36.8%。

在赛后发布会上，火箭队主帅德安东尼承认，他认为自己的球队"有一些好机会"，但最终没能投进。他特别指出，虽然火箭队的投篮命中率不佳，但勇士队也比他们往常的水平要差。然而这对勇士队来说不算什么，至少，他们还在及格线之上。

从火箭队取得15分的最大领先优势之后，他们连续投丢了27记三分球，而勇士队的命中率是21中11，于是勇士队立刻将分差追平，还在第三节反超了13分，并且再也没有给火箭队留下任何机会，101：92，勇士队连续第四年登上总决赛舞台，而哈登却要再一次经历苦涩的失败。

这是红色的丰田中心，现在却要为金州勇士队搭建西部冠军的领奖台。在NBA工作人员忙碌的时候，大部分火箭队球员都上前和勇士队球员握手祝贺，但哈登没有停留，他径直返回了更衣室。

半个月后，勇士队横扫克利夫兰骑士队，卫冕了NBA总冠军。许多人会说，勇士队最大的挑战就是在西部决赛与休斯敦火箭队的那一个系列赛，他们

说，火箭队才应该是真正的总亚军。但这对哈登来说没有任何意义，他第一次进总决赛的时候还太年轻，什么都不懂，只是快乐地打球。他曾经站上过那样高的舞台，而此后的这些年，他成为更好的自己，却再也无法回到自己曾去过的地方。

杜兰特捧起了总决赛MVP奖杯，他现在已经有两枚总冠军戒指了。NHL（国家冰球联盟）的亚历山大·奥维契金在头一天也带领华盛顿首都人队夺得了队史上第一个斯坦利杯总冠军，又一个曾经饱受媒体攻讦的超级巨星打破了魔咒。

只有哈登还留在这里，只有哈登还没有去过“应许之地”。

王炸，比肩乔丹

JAMES HARDEN

第2章

ROCKETS
13
GOD IS BIG ENO

2018年6月27日，詹姆斯·哈登正式领取到了他的2017—2018赛季常规赛MVP奖杯。这是他职业生涯的首个MVP奖杯，也是自1993—1994赛季的“大梦”哈基姆·奥拉朱旺以来，火箭队队员再一次获得这一至高荣誉。在MVP投票中，哈登得到了86票第一顺位选票，总共获得965分，遥遥领先第二名的勒布朗·詹姆斯，后者只拿到了15张第一顺位投票。

哈登在颁奖典礼上感谢了联盟，感谢了所有铺路的前辈和帮助过他的人，感谢了他的母亲，并且鼓励所有的球迷去勇敢追梦：**“我以前是最佳第六人，现在成为MVP，所以，如果你有梦想，那就大胆去追梦吧。”**哈登似乎已经走出了季后赛再次失利的阴影，他向球迷约定：“下个赛季见！”

下个赛季……是什么样的呢？

在过去几年里，NBA逐渐小球化，防守的意义前所未有地被削弱，而三分球的意义前所未有地被强化，在2017—2018赛季，火箭队投出的三分球甚至比两分球还多。但谁也没想到，在2018—2019赛季，NBA会进一步加强这种趋势：联盟的新规则允许球员在油漆区内外都有更自由的移动可能，也就是说，防守球员将不能再推搡、拉拽或者握住无球球员的胳膊，这些以前常见的防守动作都将进入犯规手册，防守球员稍稍伸出手放

在对方的肢体上，便会被吹罚犯规。

更重要的是，联盟决定严惩在对方跳投时侵犯对方圆柱体的行为，这也就意味着，防守球员在面对对方跳投时不能再像以前那样尽可能地挤压对方的空间，而投手的自由度和作用就将被无限放大。

另外，在以往的规则中，进攻方抢到前场篮板球，进攻时间重新回表至24秒，球队有24秒的时间重新组织进攻，而在新的规则中，“当进攻方抢到前场篮板球；投篮或是罚球之后，防守方在争抢中出现犯规；投篮或是罚球之后，球权被进攻方掌控之后，又被防守方破坏出界”这三种情况，进攻时间都由原本的回表至24秒缩短至14秒。也就是说，新规则更鼓励球员用更少的时间组织进攻，提升比赛节奏，增加投篮出手次数。

这所有的规则都指向了一个结果，那就是外线球员的作用将被前所未有地提升。而詹姆斯·哈登，作为联盟最好的后卫之一，作为一个三分线外单打投篮的行家，将成为联盟这个新规则版本的“版本之子”。

为了利用好新规则，休斯敦火箭队给哈登找了新帮手——全明星球员卡梅罗·安东尼。然而，这次增援远没有上个赛季引进保罗时那样成功，火箭队开季1胜5负，而安东尼最终只为火箭队打了10场比赛——在这10场比赛里，哈登平均每场得到26.6分，而火箭队终于意识到，有保罗和哈登分享球权已经足够了，安东尼也实在是不适合火箭队的体系和打法。

但哈登毕竟是“版本之子”，在适应了新规则之后，他开始爆发。2018年11月21日，他面对底特律活塞队拿下43分；11月24日，他面对克利夫兰骑士队取得40分；11月26日，虽然火箭队最终输掉了这场比赛，但他在华盛顿奇才队面前交出了54分和13次助攻的答卷；11月28日，回到丰田中心的他在达拉斯独行侠队身上拿到25分、11个篮板、17次助攻和6次抢断，这也是他本赛季的第一次三双。

哈登的得分狂潮也让火箭队从开季11胜14负的窘境中逐渐恢复，从12月11日起，火箭队开始迎来了喜悦的丰收期。12月13日，哈登取得50分、10个篮板、11次助攻，一个大号三双，帮助球队击败洛杉矶湖人队；两天之后，

他又拿下32分、12个篮板、10次助攻。**事实上，那场对阵湖人队的比赛他开创了一个神奇的新纪录：连续32场比赛得分超过30分。**考虑到克里斯·保罗这个赛季受伤缺席了一部分比赛，哈登又需要单核带队，这可能更有助于他打出精彩的得分表现。

在这32场比赛之中，哈登的得分时不时也会超过40分，其中不乏一些经典战役。

其中一场发生在2019年1月3日，对阵金州勇士队，这是哈登的复仇之战。在常规时间还剩51秒的时候，哈登在三分线外两米的地方投进了一记超远三分球，将比分扳平，把比赛拖进加时。然后，在加时赛还剩最后4.8秒的时候，火箭队落后2分，哈登持球右切，闪开克莱·汤普森的防守，塔克随即为哈登挡住了汤普森，德雷蒙德·格林补防的动作很快，他整个人都扑过来了，但哈登持球，迎着防守再次投进超远三分球。火箭队赢了，而哈登得到了44分、10个篮板、15次助攻。

1月11日，他得到43分、10个篮板、12次助攻，而他的出场时间仅有29分34秒，这是历史上第一次有球员在30分钟内完成40分三双壮举。他同时也超越了伟大的摩西·马龙，成为火箭队历史上单赛季场均得分40分以上次数最多的球员。

1月14日，哈登拿下57分帮助球队战胜孟菲斯灰熊队，创造了赛季得分新高。之后的那场比赛，他又将这个纪录刷新到58分，尽管球队输给了布鲁克林篮网队。1月19日，火箭队击败湖人队，哈登“仅仅”得到48分，错过了连续三场得分超过50分的机会。

不过这点儿缺憾很快就不算什么了，1月23日，对阵纽约尼克斯队，哈登刷新了他的职业生涯得分纪录，他在这场比赛中得到61分，并且拿下了15个篮板。哈登在整个一月的表现令人震惊，他场均43.6分，命中率43%，而他也因此高票入选全明星。

在全明星周末之后不久，哈登的32场连续得分超过30分的纪录终止于2月25日，火箭队击败了亚特兰大老鹰队，但哈登只得到28分。他的这个纪录排在历史第二的位置，仅次于传奇人物张伯伦，后者的单赛季连续得分超过30分的纪录高达65场。

纪录虽然终结了，但哈登的得分表演却并没有停止。2月28日，哈登帮助火箭队击败迈阿密热火队，并贡献58分、10次助攻。3月20日，面对孟菲斯灰熊队，他又拿下57分。两天之后，他在对阵圣安东尼奥马刺队的比赛中得到61分。3月30日，他又在击溃萨克拉门托国王队的比赛里得到了50分、11个篮板、10次助攻。

当赛季结束的时候，哈登已经完成了面对联盟其他29支球队都得分超过30分的壮举，这也是一项NBA历史纪录——毕竟，虽然1984—1985赛季的拉里·伯德和1986—1987赛季的乔丹都曾在每一个对手的手中拿到30分以上，但当年联盟里可只有23支球队！“说真的，快把MVP奖杯给他吧，我都不明白现在为什么会有争议，”保罗·皮尔斯在ESPN的篮球评论节目中说，“毫无疑问，他是联盟里最优秀的球员。”

科比并不喜欢哈登的打法，在一次采访中说：“哈登的打法让整个球队失去平衡，并且不是一个能拿总冠军的办法，但我也承认，哈登拼了命地去得分，这或许是火箭队唯一能赢球的方式。”

这是其他队伍的看法，而火箭队内部呢？火箭队总经理认为："詹姆斯·哈登是一个比迈克尔·乔丹更加优秀的得分手，这是一个事实。因为从每次球权的得分率来看，哈登是NBA的历史最佳得分手。我知道这个结论会让很多人不满，我也承认如果你把乔丹放在一个球队里，他可能会比哈登做到更多的事情。但是，如果你把球给一个球员，然后在对方抢到球之前，看这名球员能得到多少分，从这个概念上来说，哈登目前是NBA历史上的第一名。"

在2018—2019的常规赛里，哈登场均得到了职业生涯最高的36.1分，得分榜第二名是雷霆队的保罗·乔治，他的场均得分只有28分。事实上，就算是把哈登在整个赛季每场比赛第四节的所有得分都去掉，他依然能够在得分榜上领跑全联盟。同时，场均得分36.1分是自乔丹以来的最高得分数据，是的，就连科比也只在2005—2006赛季拿到过35.4分的场均得分。**而纵观历史，只有张伯伦、里克·巴里、乔丹、科比和哈登曾经在单赛季中场均得分超过35分。**另外，哈登有场均6.6个篮板和7.5次助攻，他甚至还有场均2次抢断的数据，这让他排在了联盟赛季抢断榜的第二位。他的PER（球员效率值）也是职业生涯最高，达到了30.6。

然而詹姆斯·哈登却不是MVP，这个荣誉最后归于扬尼斯·阿德托昆博，后者场均数据为27.7分、12.5个篮板、5.9次助攻。在尘埃落定之后，哈登有些不满地将这次落选归因于"媒体的刻板印象"："一旦媒体在赛季初就炮制了一个对某人的刻板印象，那么这种印象就会持续影响一整年的舆论走向。我不愿意太详细地展开这个话题，我只能控制自己能控制的东西，也就是继续表现出最高水平。"

他所说的刻板印象具体指的是什么，我们终究难以假设，但我们确实听说了许多媒体不投票给他的理由：火箭队的胜场数比上个赛季更少了，阿德托昆博帮助雄鹿队拿到了60胜，而火箭队和哈登这个赛季的打法违背了篮球作为团队运动的本意等。"但哈登凭借着一己之力就把球队变成了冠军争夺者，"ESPN的迈克·格林伯格争辩道，"我们谈论的是最有价值球员，而不是'最佳球队中的最佳球员'，对吧？"

整个赛季，保罗缺席了24场比赛，卡佩拉缺席了15场，戈登缺席了14场，在某一个时间段里，哈登是火箭队唯一的明星球员，而他需要在背靠背的比赛里连续上场40分钟以上，然后贡献出得分40+或50+的神奇表现，帮助球队从悬崖边上将胜利夺回来。这种状态能持续到季后赛吗？

特雷西·麦克格雷迪很怀疑这一点：“既然我们讨论的是季后赛，那么我不认为他能够延续这种状态。在季后赛级别的防守下，你知道仅仅是完成30次投篮动作就有多累吗？在季后赛里，每一个回合你都会被包夹、被紧逼，而那会耗光你所有的精力。”麦克格雷迪这是肺腑之言，毕竟，他也曾经有过这样的经历，在魔术队的时候，球队完全依靠自己，他拿到联盟得分王，将球队带入季后赛，身边最好的队友是迈克·米勒，然后等待他的就是一次又一次的季后赛首轮出局。

而哈登和他的火箭队，又会走向怎样的未来呢？

第一轮，毫无问题，休斯敦火箭队只用了5场比赛就完成了晋级。哈登在前三场比赛里的场均助攻数达到了10次，其中第二场比赛，他得到了32分、

13个篮板、10次助攻。

然后第二轮，由于火箭队常规赛成绩只有53胜29负，排在西部第四，他们只能提早遇到自己的苦主——金州勇士队。这一次不像去年的比赛那样，有那种大起大落、大悲大喜的情节，他们在客场的前两场比赛几乎毫无悬念地输掉了，然后回到主场，哈登必须拿出他和常规赛时一样的努力，甚至更加努力，在季后赛级别的强度下，扛着球队前进。

2019年5月4日，丰田中心，西部半决赛第三场。第四节的时间还剩1分16秒，火箭队110：109领先1分，哈登投球不进，火箭队抢到前场篮板，但没能在14秒内再次有效地组织起进攻，按照本赛季新规则，这是进攻超时，球权自动转移给勇士队。紧接着，突入禁区的杜兰特将球轻松分给在左翼三分线外等待着的伊戈达拉，后者在大空当上起跳出手。

“砰”——三分球命中！

勇士队领先了，那火箭队要如何回应呢？哈登从后场运球，从中路奔袭杀向篮筐，库里朝他的方向伸了伸手。哨声响起，哈登两罚全中，火箭队追平了比分，此后双方再无得分，比赛因此进入加时赛。而在加时赛中，哈登4投3中拿到7分，并且抢到3个篮板，勇士队杜兰特拿下5分，库里和汤普森没有得分。

这场比赛，哈登出场了45分26秒，出手32次，进球14个，拿到41分、9个篮板、6次助攻。他做出了这样的贡献，才换来了一场无比珍贵的加时赛胜利。他的双眼里布满血丝，那是上一场被德雷蒙德·格林在脸上撞了一记的结果，但他在赛后说，这一点儿也没有困扰到他，他只想专心打球、好好打球。“哈登就是这样，他总是这样。”火箭队主帅德安东尼评价说。

接下来的第四场，哈登得到38分和10个篮板，帮助球队再一次取得胜利。赛后，哈登将成功的关键归结于火箭队的防守：“如果你让克莱（汤普森）和斯蒂芬（库里）在那里跑来跑去投三分球就铁定没戏了，唯一的办法就是挡在他们面前，让他们的每一次出手都务必投得艰难。”在这场比赛中，火箭队50次三分球出手命中了17记，而对面的勇士队却是33投仅有8中，其中库

里14次出手只命中了4记。

当杜兰特在第五场第三节受伤离场的时候，火箭队似乎看见了希望。这就像是去年的重演，只不过双方的角色对换，现在轮到勇士队的阵容中少了一名核心球员了。可惜的是火箭队并没有充分利用好这个机会，他们输掉了第五场比赛。尽管哈登在这一场拼尽了全力，他出场44分53秒，得到了31分、4个篮板、8次助攻，他的命中率高达62.5%。但火箭队在关键时刻的几次失误，几个没有抢到的篮板，葬送了他们所有的努力。

“我们有过机会，很好的机会，”保罗在赛后说，“但是没能抓住。”接下来他们会回到休斯敦，回到丰田中心，德安东尼说：“这是我们生死攸关的一战。”

至少他们还有一线生机，那就是第六场比赛，而勇士队已经宣布杜兰特不会上场。

在过去的一年里，火箭队管理层像“祥林嫂”一样反复地对媒体和球迷强调，他们去年只差了那么“一根腘绳肌”的距离：**如果保罗的大腿没有受伤，那么他们肯定能击败勇士队，进而赢得2017—2018赛季的总冠军。**

现在情况完全对调了，杜兰特将缺席关键的第六场比赛，而休斯敦将获得绝佳的复仇机会。他们是第六场比赛获胜的绝对热门，而杜兰特的伤势看起来一时半会儿好不了，那么他们可以像去年勇士队对他们做的一样，把比赛拖入一场没有杜兰特的抢七大战。

在第六场比赛中，火箭队也确实打得不错，他们全场比赛的领先时间比勇士队多一倍，哈登拿到35分，保罗贡献27分，他们看起来都发挥正常。然而勇士队却顽强得几乎让人“讨厌”，库里（33分）、汤普森（27分）、格林（8分、10个篮板、7次助攻）和伊戈达拉（投进5记三分球）死咬着比分不

放，直到比赛最后3分钟。

库里突然像疯了一样，他的中距离跳投、三分球投篮和罚球统统准得不得了，而勇士队想尽了一切办法把球传到他的手里：砰，一记三分球；砰，一记两分球；砰，又一记三分球，接下来是汤普森的一记三分球；砰、砰，库里又投进两个罚球。当比赛还剩下30秒的时候，勇士队已经将比分反超到112：104。

火箭队也不愿放弃，哈登命中一记三分球，而球队立刻制造犯规。库里投得太准了，又两罚全中。然后火箭队塔克又命中一记三分球，库里再次两罚命中。此时火箭队还落后6分，但这个局面对于火箭队球迷来说并非不可逆转——所有人都还记得，当年麦克格雷迪35秒内拿下13分的时候，圣安东尼奥马刺队的罚球也很准，而麦克格雷迪就是靠他的三分球，一点点、硬生生地将胜利抢了回来。

但，季后赛不是常规赛，哈登也不是麦克格雷迪。

一个长暂停过后，哈登运球杀向对面，但一个不小心，他出现失误，伊戈达拉断球成功。尽管之后伊戈达拉两罚不中，但留给火箭队的时间已经只剩下8秒。最后3秒钟，里弗斯为火箭队投中一记三分球，而哈登立刻对库里犯规。

库里没有手下留情，他两罚全中，将比分定格在118：113。

“好吧，这一次失利肯定会留下阴影，”德安东尼在赛后痛苦地说，“这不是什么能够轻易释怀的事情，我肯定不能，至少这场发布会上不能，今晚不能，明天也不能。”

“这一次的经历真的很伤人。”哈登说。

哈登在赛季中期曾经说过，他希望能够成为历史上最好的球员而被人记住。但这个伟大宏愿在此刻显得如此遥远，而他现在说的话，却又如此苍白无力：“至少我们不是输给了什么弱队，那毕竟是勇士队，他们是一支伟大的球队。我们必须找到一个办法变得更强，继续成长，继续挑战。”

在这一年的失利中，火箭队老板蒂尔曼·费尔蒂塔发下誓言：“我保证，我们会跟詹姆斯·哈登一起赢得总冠军。”但休斯敦最大的问题，是他们的薪金空间已经被五个球员占据了极大部分：哈登、逐渐老去的保罗、戈登、塔克和令人失望的大个子卡佩拉，加起来占据了1.15亿美元的薪金空间。

要怎样给哈登找到新的搭档和伙伴，就成为火箭队最大的课题。

三连，孤军奋战

JAMES HARDEN

第 3 章

HOUSTON
13

2019年的夏天充满了戏剧性。猛龙队在总决赛中击败勇士队，为加拿大球队赢得了第一个NBA总冠军；杜兰特离开勇士队，签约布鲁克林篮网队；刚刚摘下总决赛MVP桂冠的科怀·伦纳德从多伦多到了洛杉矶签约快船队；而洛杉矶的另一支球队湖人队则是讨得了安东尼·戴维斯的欢心。联盟格局在一夕之间再次洗牌。

自从热火队三巨头在2010年将巨星组团推向巅峰，加上社交媒体和日益提升的薪水给球员们带来的更多话语权，这些年的NBA巨星们早已不再是交易中的棋子，而是摇身一变成为玩家。而火箭队想要做的事情，就是向他们的对标对象勇士队学习，引进一个MVP，来搭配他们自家的MVP。

他们看中的对象是拉塞尔·威斯布鲁克，他和哈登一样都有着独特的风格，他们都可以扛着一支球队前进，而且许多年以前，他们在俄克拉荷马一起上过“雷霆大学”，并且站上了他们曾经去过的最高舞台。

自从2011—2012赛季总决赛以后，这一对兄弟已经许久没有一起打球了。在漫长的分离中，他们各自成长为超级巨星，成为球队的当家人。如果可以，他们希望能够再次团聚在一起，在彼此身上找到安全感。

“我们各自达成了不少成就，从个人方面而言，”哈登说，“现在，我们需要完成此前未曾实现的伟业。”从每年夏天的休赛期到第二年六月的总决赛自然是一段很长的时间，但光是想想他们现在是队友了，哈登和威斯布鲁克就难以抑制地激动。

这场交易的起点，或者说灵感的起源，来自保罗·乔治。乔治在上一年休赛期里跟雷霆队签下了四年的大合同，但过了一个赛季后，乔治要求交易。他最终被送到了快船队，而威斯布鲁克对此早有预感。“我跟乔治一直有交流，所以我根本没有感到惊讶，我支持他，他是我的队友，而他做了自己认为的最正确的决定，”威斯布鲁克说，“如果乔治觉得现在已经是他必须离开去寻找新世界的时候，那我就会支持他，我们之间的关系就是这样的。”

而火箭队从中得到了契机，得知保罗·乔治被交易到了快船队，火箭队管理层立刻联系了雷霆队，双方谈了谈关于威斯布鲁克的交易。

哈登和威斯布鲁克也谈了谈。这么多年以来，他们始终保持着联络，偶尔也会彼此开玩笑说，如果再在一起打球会怎样，就像是朋友之间会分享的那种异想天开的白日梦，毕竟当时怎么看，哈登都是火箭队的顶梁柱，而威斯布鲁克全身上下都已经布满了雷霆队的烙印（在决定转会前，威斯布鲁克甚至刚刚在俄克拉荷马给自己建了一幢新房子）。谁能把全联盟最高薪、最需要球权的两个球员放在同一个队里呢？这简直是种荒谬的奢侈。

威斯布鲁克和雷霆队进行了谈判，然后雷霆队跟火箭队进行了谈判，最终在2019年7月12日，交易达成，**俄克拉荷马雷霆队同意将威斯布鲁克送到休斯敦火箭队，换回克里斯·保罗，同时拿到2024年和2026年的首轮签，并且双方在2021年和2025年的选秀权对换。**

火箭队总经理后来说这是他职业生涯冒过的最大风险，倒不是威斯布鲁克有什么不好，而是送出去的这些，可能会在某一天令火箭队后悔。但此时此刻，这场交易确实是值得尝试的，因为保罗老矣，而威斯布鲁克的年龄、天赋和巅峰期状态都更有优势。哈登马上就满30岁了，他已经处在最黄金的时代，而自古名将如美人，最美好的花期转瞬即逝。火箭队已经不能再等，不能

再拖，否则夺冠的“窗口”就会逐渐关上。

当然，他们会面临一个巨大的问题：**哈登和威斯布鲁克可能是联盟里最能独占球权的两个人。**在威斯布鲁克的MVP赛季，他的球权使用率高达41%；而在哈登的MVP赛季，他的球权使用率则达到了39%。至于追溯他们十年之前在一起打球的情况，则根本无法给现在提供参考价值，毕竟当时哈登还是个第六人，而威斯布鲁克对球权的要求也没有现在这样明显。

按照火箭队内部的初步设想，这个问题倒是不大，他们可以把威斯布鲁克继续放在原来克里斯·保罗的位置上，保罗都能和哈登配合着打，那威斯布鲁克作为哈登的老朋友，当然更不成问题。

但威斯布鲁克毕竟不是保罗。当哈登与保罗搭档的时候，哈登是火箭队主要的控球手，也是队里毫无疑问的第一进攻点，这就让他吸引了更多防守注意力，从而为保罗和其他人创造在外线出手的机会。然而威斯布鲁克从来都不是一个很好的外线投手，他的三分球命中率只有29%，更重要的是，他最独特的优点是他的爆发力，他可以轻易突破重围到篮下，单枪匹马，为球队得分。而且，他是一个比哈登更需要球权的人。

这样的威斯布鲁克要怎样适应火箭队的战术体系呢？一个简单的协调办法是，让威斯布鲁克持球寻找在篮下的进攻机会，哈登往后退一步，充当外线的第一进攻点。**但哈登怎么会愿意？这是他的球队，他才是火箭队的建队核心。**

韦德曾经做过这样的事情，在2011年，当时迈阿密热火队新组建的三巨头已经在总决赛中输给了独行侠队，而他们必须做出改变。“那是我的城市，我的球队，如果我们那一年赢了，我应该是总决赛MVP，”韦德后来回忆说，“但……我已经老了，而勒布朗还在巅峰，我得把位置让出来，让他带领球队。”韦德说，这是他整个职业生涯里做过的最困难的决定。

对于哈登来说，他比当年的韦德更难做出让步的决定——他甚至比威斯布鲁克还小一岁，他刚刚打出了一个堪比乔丹的赛季，他正处在他职业生涯中最好的时刻。

所以，理想很丰满，但现实总是很骨感。2019—2020赛季的开始，火箭队在磨合中艰难度过。不过倒是有一个好消息，哈登的得分热潮并没有因此退去。2019年10月30日，他在战胜奇才队的比赛中得到了59分。然后在11月4日，他又在面对孟菲斯灰熊队的比赛中拿下44分和10个篮板，帮助球队获得胜利。11月30日，他在对阵亚特兰大老鹰队的比赛中狂得60分，运动战出手24次命中16个，并且在罚球线上23罚20中。这场比赛，他总共只打了31分钟，而火箭队最终取得了47分的大胜。没过多久，哈登又在圣安东尼奥马刺队身上得到了50分。

12月11日，哈登继续打出惊人的数据，他面对骑士队拿下55分，然后第二天晚上又在魔术队身上得到54分，完成了背靠背得分50+的壮举。在这个赛

13
HAWKS

季里，尽管他身边的人从保罗换成了球权使用率更高的威斯布鲁克，但他的得分数据几乎与上个赛季同期没有太大差别。

等到2019年结束，哈登正式成为过去十年里最伟大的得分手。从2010年1月1日到2019年12月31日，他总共得到了19578分，高过詹姆斯，也高过杜兰特。考虑到他在2010年到2012年之间都是替补球员，这更加证明他高超的得分能力，持久、稳定的状态和保持健康的能力。

随着赛季逐渐深入，火箭队开始逐渐减少对哈登的依赖，他们再次做出人事调整，送走了队中唯一的传统中锋卡佩拉，让阵容变得更适应当下流行的小球风格。毕竟，哈登和威斯布鲁克让火箭队的后场成为联盟中最具爆发力的后卫组合，他们都可以单枪匹马地摧毁对方的整条防线，完全不需要传统大中锋的帮助。事实上，在没有大个子内线之后，火箭队在场上的阵容反而能为哈登和威斯布鲁克创造出更多自由空间，让他们随心所欲地进行攻击。

这时候哈登也已经逐渐学会把球权转移给威斯布鲁克，威斯布鲁克作为一名控卫，他拥有恐怖的第一步，速度奇快无比，是的，让他更多控球，而哈登退在外线，是有益于整支球队的做法。进入2020年以后，哈登的场均得分从此前的38.2分降低到了29.8分，而威斯布鲁克的场均得分则从24.2分提高到了31.7分，后者反而成为这一时间段内火箭队的得分王。

当然，哈登的赛季场均得分依然有34.4分，另外他还能够拿到场均6.4个篮板和7.4次助攻，这为他最终连续第三年夺得赛季得分王的称号奠定了坚实的基础。而威斯布鲁克的场均数据则是27.5分、8.0个篮板、7.0次助攻，在那个时候，火箭队的前途一片光明，他们的战绩是40胜24负，他们的战术体系几近磨合成型。

然后新冠肺炎疫情在美国爆发，NBA无限期休赛，直到四个半月之后，赛季才在奥兰多的园区重新开始。

一切都变得不一样了。

迈阿密热火队后来闯进这个赛季的总决赛，扬尼斯·阿德托昆博评价说："热火队是一支天生为园区比赛而生的球队。"什么意思？热火队的文化一向

以冷硬严肃著称，自帕特·莱利掌管球队以来，整个球队的风格就是八个大字：军纪严明，知难而进。简单来说，基本上就是休斯敦火箭队的反面。

休斯敦火箭队，是一支以哈登为核心的球队。哈登在这里有很多特权，火箭队为了让哈登感到满意，基本上可以说是毫无原则可言。

因为疫情的影响，NBA要求球员在每场比赛前都得接受核酸检测，而球队为了帮助球员度过无聊的检测时间，会统一播放电影或者视频短片。哈登经常是最后一个赶来的人，球队必须等待哈登到来之后，才能开始放电影，如果有人胆敢提前播放电影或者视频短片，那么哈登到来之后，就会要求重新开始播放。只有一次，威斯布鲁克来得比哈登晚了几分钟，哈登表现得极度不耐烦，并且大声告诉工作人员：“为什么不去播放短片？我们开始吧，不要再等他了。”

但雷霆队不是这样的，威斯布鲁克已经习惯了雷霆队的球队文化，一板一眼，克己自律，他甚至从来不使用自己的“巨星特权”，不会彻夜参加派对影响工作，不会在训练时迟到早退，来到火箭队之后，他相当于经历了一次剧烈的文化冲击。然而更让他感到难受的是，本来已经与哈登磨合得差不多了的场上关系，又开始发生变化，双方又不知道该如何配合了。威斯布鲁克向教练提出，他想要打出自己的特点，比如冲击篮下或者增加中投，但德安东尼总对他说，哈登才是所有战术的发起点。

在这些别扭与折磨之中，火箭队在园区里打完了他们这个赛季的最后八场常规赛，而战绩是尴尬的4胜4负。他们最终以44胜28负的战绩完成了常规赛，排在西部第四，季后赛第一轮对手则是哈登与威斯布鲁克的老东家、保罗的新东家——俄克拉荷马雷霆队。

这是不能输掉的颜面之战，站在对面的是被他们“抛弃”的搭档和母队，他们为了寻求更好的前途而离开了对方，那么这时候就绝不能输。好比主动提出离婚的一方，要是在街上偶遇前任伴侣，却发现对方过得比自己好，可能不会太开心。

但保罗把雷霆队的青年军调教得很好，几乎把火箭队拉下马。火箭队打得很艰难，在经历七场苦战之后，他们才惊险地过关。

第二轮，面对勒布朗·詹姆斯和安东尼·戴维斯领军的湖人队，休斯敦再次遇上了麻烦。湖人队是西部赛区的头号种子，常规赛拿下了52胜19负，更何况他们全队上下都憋着一股劲儿，要为年初在意外中不幸故去的球队传奇科比·布莱恩特争得最高荣誉。

火箭队在第一场以112：97拿下比赛，但是之后四场，他们没有在湖人队手里占到半点便宜。

于是，2019—2020赛季结束了。曾经如幻梦一般的旧友重逢，哈登、威斯布鲁克和火箭队在赛季开始的时候，曾经梦想过多少在夏天阳光最灿烂时的光辉与荣耀，却没料到当赛季结束时，已经到了秋意渐浓的时节。

wish
LAKERS
23

离别在秋天到来。

德安东尼下课了，哈登从十月份就开始闹着要交易，但火箭队并不同意，不过威斯布鲁克得知了哈登要走的消息，他也立刻通知火箭队管理层，希望能尽快离开球队。最终，火箭队与奇才队达成交易，沃尔来到休斯敦，而威斯布鲁克去往华盛顿。

这样的交易，或许对于哈登和威斯布鲁克来说都是一种解脱。有意思的是，威斯布鲁克最后在自己的社交媒体上发文感谢了火箭队，其中只提到了一次哈登："……相信我再次回到丰田中心之时，一定能打出让哈登惊讶的数据。"

这是朋友之间的调侃？或是看似淡然其实暗藏玄机？无论如何，哈登已经来到休斯敦八年了，他身边与他共同支撑起球队的搭档，已经要换到第四个了。

BIO
STEEL
76
76
HARDEN
1

PART

James
(6)
Harden

再上征途
费城寻梦

分手，火箭解体

JAMES HARDEN

第1章

Webull
BROOKLYN
13
NETS

2020—2021赛季开始第二天，休斯敦火箭队与俄克拉荷马雷霆队的比赛就延期了，因为两天以前，哈登参加一个拥挤的室内圣诞派对时没戴口罩，这样的行为显然是对联盟防疫安全政策的鲁莽冒犯。

联盟有规定，任何违反防疫政策的行为都要被罚款5万美元，但哈登显然并不在乎这点钱，毕竟，这只是他年薪的千万分之一。而哈登喜欢派对也不是什么新闻了，就在本赛季开始之前，哈登就因为在亚特兰大和拉斯维加斯参加派对而缺席了两次火箭队的训练。

但哈登在场上的表现很好，他仿佛依然是那个MVP级别的球员。面对波特兰开拓者队，他得到44分、4个篮板、17次助攻；面对丹佛掘金队，他的数据是34分、6个篮板、8次助攻；面对萨克拉门托国王队，他拿下33分、6个篮板、8次助攻。

然后他休息了一场。那是2021年的第一场比赛，对阵国王队，火箭队在赛前38分钟突然宣布哈登将因右脚踝伤势而缺席比赛。但他并不在球队的伤病通报里，而火箭队新帅史蒂芬·塞拉斯也没有在赛前采访里提到任何有关哈登的伤势问题。

等到复出上场，哈登就完全变了一个人，他每场只能拿到15到20分，却要求十多次的出手次数，在他回归的四场比赛里，火箭队的战绩是难堪的1胜3负。所以，2021年1月12日，当休斯敦火箭队在丰田中心以18分的分差惨败于湖人队手下时，所有的情绪堆积到了最高点。失败、失望、失衡，这所有的情绪此前像是房间里的“大象”，大家都知道它存在，只是假装看不见而已。而现在，终于全部敞开摆在了大家的面前。

纯粹从篮球的角度上来说，一场球队闭门会议也是有必要的，毕竟火箭队赛季开始以来的成绩仅为3胜6负，他们在攻防两端都显得很没有活力，新帅塞拉斯带来的新体系还在最痛苦的磨合初期，沃尔跟球队其他成员也还不熟悉，更要命的是，因为伤病和防疫要求而被迫缺阵的球员达到了七八个。

但真正让人难以忍受的是无穷无尽的流言。自从哈登在去年10月公开要求交易之后，火箭队上下的日子都变得非常痛苦，现在，球队认为他们已经受

够了哈登的心不在焉和媒体无休止的猜测。哈登的心在哪里，他的未来在哪里，他会留在休斯敦吗，还是说他已经铁了心要去布鲁克林？

是的，哈登甚至给自己指定了下家，这也是众人皆知的秘密。后来甚至有流言说，凯文·杜兰特和哈登其实已经在休赛期里聊了好几个月，就是安排如何把哈登交易过来，跟他和凯里·欧文一起打球。不过后来杜兰特否认了这个流言，并表示一切交易都是球队管理层的安排，但跟哈登一起打球的感觉如何呢？杜兰特很诚实："那倒是很有意思的。"

话题回到丰田中心，在火箭队的更衣室里，塞拉斯亲自主持了那场闭门会议，他鼓励大家完全吐露自己内心最真实的想法。不少球员说他们对哈登最近的行为和表现很不满，而约翰·沃尔和德马库斯·考辛斯也在会上发言，哈登，成为所有人批评的对象。

哈登现在已经31岁了，在他的NBA履历上，除了总冠军之外，他已经拿到了其他所有的荣誉，而火箭队一直是他的球队、他的地盘，他让所有新来的人都充分认识到了这一点，而这或许就是考辛斯认为他"粗鲁失礼"的地方。

所有人都有自己的情绪：沃尔因伤缺席了前两个赛季的大部分比赛，现在他终于恢复健康了，他急需重新证明自己；考辛斯也是一样，他的跟腱断了，股四头肌伤了，膝盖韧带也坏了，在伤痛困境中辗转过许多地方，现在终于来到了休斯敦。这是他们的新起点，或许就是第二次人生，但哈登在火箭队的“蜜罐”里泡得太久，像是一个骄纵任性又没心没肺的少爷。

他们之间注定要有一场战斗，就发生在此时此刻。

哈登在线上召开了一场90分钟的发布会，在他的火箭队生涯即将终结的时候，他终于坦率地说出了自己的想法，尽管听上去连他自己也充满了不确定：“和NBA顶级球队相比，我们就是没有那么好，你知道，我们很显然在化学反应、天赋和其他的方面都没那么好，这很明显。就像我所说的那样，过去的几场比赛，从比赛一开始就已经很明显了。”

“我爱这座城市。我已经竭尽了自己的全力。但现在的情况就像疯了一样。我觉得我现在没法改变好这一切了。所以，谢谢。”

2021年1月14日，火箭队宣布交易落定，哈登将被送往布鲁克林篮网队。这一刻，距离哈登来到火箭队，已经过去了八年半的时间。他给火箭队留下了什么呢？人们曾在他充满统治力的球场表现里看见“火箭”升空的巨大希望，但每一次，每一次，那承载着光荣与梦想的巨大火箭都会在冲出大气层进入轨道之前突然坠落，散落的碎片在地心引力的作用下砸向荒原与海洋，最后消失不见。

我们会想起1966年的张伯伦，当时他已经拿到了除了冠军之外的一切个人荣誉，他有一个赛季的场均得分高达50分以上，他能在单场比赛里砍下100分，他进过9次NBA全明星，但他始终缺少一个冠军。张伯伦已经拥有了很多座MVP奖杯，但他所在的76人队总是打不过比尔·拉塞尔的凯尔特人队，直到张伯伦改变了自己，他做出了一个关键的改变。

在新教练亚历克斯·汉纳姆的指挥下，76人队比以往更爱分享球权了，这削弱了张伯伦的个人数据，但却让整个球队都变得更有效率，然后，张伯伦就获得了他的第一个总冠军。从纸面上来讲这说不通，因为张伯伦显然比他们

BROOKLYN
13

队里的其他人都更有效率，所以76人队以往的进攻战术就是给他喂球。但事实上，自从76人队开始分享球权之后，他们反而取得了最后的胜利。这个故事也成为NBA历史上很重要的一堂课，告诉了大家，球员们毕竟也是人，他们也需要在让自己舒服和受到肯定的氛围里，才能被激发出活力。

哈登就是这个时代的张伯伦。不幸的是，火箭队只顾着让他开心，像行星围绕着恒星那样把他视为公转的中心，却忘了篮球是一项团队运动。

当哈登声称他已经为了胜利竭尽全力时，他或许是真的这样认为的。在金州勇士队如日中天的那几年，休斯敦火箭队是唯一能与他们抗衡的球队，而哈登是NBA里唯一每年都能在进攻技术上进步的球员。

但哈登有意无意地忽略了通往胜利的其他必要条件，比如说创造一种强

大而团结的更衣室文化。他总是在客场比赛时去酒吧，习惯性地在训练和一切非比赛的活动中迟到，而且，不允许任何人挑战他的权威。保罗是最早开始私下抱怨这一点的人，而到了2020年年底，哈登的好友威斯布鲁克也受不了了。

从这个角度来看，哈登所抱怨的“疯狂”局面恰恰是他本人所导致的。为了胜利，他密谋送走了克里斯·保罗，而保罗却在雷霆队焕发了新生，甚至在季后赛里差点淘汰哈登和他的火箭队。

到最后，谁都没有成为赢家。休斯敦火箭队的冠军梦就此告一段落，而哈登时代留下来的，只有一个巨大的问号，一个萦绕在每一个火箭队球迷脑海里的问题：如果2017—2018赛季西部决赛第五场的最后保罗没有受伤，那么故事最终会怎样？

残血，抢七之殇

JAMES HARDEN

第2章

BROOKLYN
13
NETS

哈登指定要去布鲁克林，当然必有其原因。早在2020年11月，哈登就开始跟老朋友杜兰特密切来往，他们俩在曼巴学院（2020年正式更名为体育学院）一起训练了一阵子，哈登通过杜兰特跟篮网队建立起了一些联系。事实上，据几个跟火箭队关系密切的爆料者称，其实威斯布鲁克离开休斯敦并非因为他跟哈登的关系已经僵到无法共处了，而是在11月11日那天，哈登已经告诉了威斯布鲁克他想要被交易去布鲁克林篮网队的事情，因此，威斯布鲁克才想要离开火箭队。

“哈登在洛杉矶跟杜兰特一起相处了很久，然后他才坚定地想要跳槽到篮网队。他们两个人见了面，彼此都重新确认了想要在一起打球的愿望，然后就开始周密地策划这一场交易。”一位爆料者说。到了11月17日，哈登想去篮网队的事情在整个联盟范围内都已经传开了。哈登和杜兰特本来以为交易在11月22日左右就能完成，但他们低估了火箭队管理层的能力，后者决定要用尽一切办法逼篮网队提出更高的报价。“休斯敦一向很让人头疼。”一个熟悉火箭队谈判策略的NBA球队管理人员说 。

所以，早在实际交易完成的两个月以前，哈登的心就已经飞去篮网队了。这也不难解释为什么哈登刚到布鲁克林就立刻融入了球队。他于1月16日首次为篮网队披挂上阵，在他作为篮网队球员的前15场比赛中，哈登是队里场均传球次数最多的一个（场均70.1次），比欧文多20次。他场均11.8次助攻的数据也高于他此前的任何一年，而他场均还能拿到8.4个篮板。更厉害的是，哈登的得分效率也很高，尽管他的场均得分下降到了24.3分，但他的投篮命中率超过50%，三分球命中率超过40%，罚球命中率超过90%。

对于篮网队新生的三巨头来说，球权并不是问题，他们迅速找到了磨合的办法。在哈登加盟大概半个月以后，有一天他和欧文在训练后聊了聊，然后他们立刻就商量好了在场上的角色："我感觉他在控球方面表现得特别好，"欧文说，"我就看着他说，那么你来打控球后卫，我去打得分后卫。他说好，于是我们就这样决定了。"

在2月13日对阵勇士队的比赛中，哈登得到19分、8个篮板、16次助攻，而欧文和杜兰特分别拿到23分和20分，篮网队总共6人得分上双。他们在一起的时候简直无可抵挡，所以尽管库里和德雷蒙德·格林已经在奋力抵抗，但三巨头还是帮助篮网队取得了134：117的大比分胜利。

在这个时刻，哈登看起来就是篮网队所希望的他能成为的那个人，他们仿佛将就此开启一段光辉的夺冠旅程。

但是变故接连不断，"三巨头"轮流请假。杜兰特因为疫情原因和伤病问题在很长一段时间内都无法出场，欧文因为个人事务而缺席了几场比赛。而伤病也没有放过哈登，从4月1日开始，他的大腿后侧肌肉就出现了问题。两场比赛之后，哈登曾尝试复出，但只打了4分22秒就再度受伤离场。这时候已经缺席了23场比赛的杜兰特即将复出，而哈登又因为相同的伤病进入了伤病观察名单。篮网队球迷在赛后怒骂球队："为什么不汲取杜兰特的教训，为什么要让哈登在一场不重要的比赛中贸然复出，是想让哈登和杜兰特一样伤了又伤吗？"

一语成谶。本来只是休养10天就能痊愈的小伤病，哈登足足用了将近一

个半月才恢复过来，而他再次登场的时候已经是5月12日 。

`哈登在篮网队的表现不能算差，他代表布鲁克林篮网队出战了36场比赛，平均每场得到24.6分、8.5个篮板、10.9次助攻，这是他职业生涯在进攻端表现得最均衡的一年，他甚至因此收到了一张第五顺位的MVP选票。

但问题是，到这个时候，哈登与杜兰特、欧文同时上场的次数只有8次，加起来只有202分钟，这是个什么概念呢？2019—2020赛季虽说是个“缩水”赛季，但勒布朗·詹姆斯和安东尼·戴维斯在一起打了1455分钟；杜兰特在勇士队的最后一年，他跟库里、汤普森一起打了1442分钟，那还是在他们三个轮番受伤的情况下；至于2015—2016赛季的骑士队、2013—2014赛季的马刺队或者2010—2011赛季的独行侠队，他们最好的球员在一起打球的时间那可就长了，而且他们本来就已经是相处多年的老队友了。

更大的风险在于，篮网队的核心球员们还没有一起打过季后赛，除非你把许多年前哈登跟杜兰特在雷霆队的时光算进去。对于一支“不夺冠便成仁”的球队来说，这样的境况堪称噩梦了。在竞争激烈的NBA里，一支球队真的能够仅凭几天的磨合就冲进季后赛，然后就成为争冠球队吗？

虽然篮网队最终的常规赛成绩是48胜24负，位列东部第二，只比东部第一的76人队少一个胜场，但季后赛毕竟是季后赛。

第一轮，对阵凯尔特人队，篮网队并没有遇上太多的阻碍，他们只用了5场比赛就淘汰了“绿军”。哈登在这个系列赛中不乏精彩演出，他在第三战中交出41分、7个篮板、10次助攻的答卷，同时杜兰特也得到了39分，只可惜凯尔特人队的塔图姆砍下了50分，最终篮网队输掉了这场比赛。只不过下一场，哈登就用18次助攻帮助欧文和杜兰特分别得到39分和42分，而他自己也有23分入账，轻松击败凯尔特人队。

然后，难啃的硬骨头来了，他们要对阵密尔沃基雄鹿队。扬尼斯·阿德托昆博此时已经在雄鹿队打到了第八个年头，他入选过五届全明星，在哈登“超神”到堪比乔丹的那年，就是他力压哈登得到了MVP的殊荣 。

哈登当然希望能够战胜阿德托昆博和雄鹿队，向世界证明自己才应该是那个更强的人。可他的美梦只做了短短数秒，他只来得及抢下一个防守篮板，正要试图带球冲向雄鹿队的篮筐，但瞬间他如触电一般，不得不将球传给队友，然后痛苦地抓住自己的大腿后侧。随后篮网队在比赛第43秒叫了暂停，哈登走进了更衣室，然后他就再也没能回到场上。

哈登缺席了第二场比赛，然后是接下来那场，和再接下来那场。

篮网队似乎又陷入了常规赛的那种令人绝望的魔咒之中，等哈登好不容易快恢复到能上场的地步，欧文又在第四场比赛中脚踝严重受伤，因此缺席了季后赛剩余的比赛。而哈登呢，尽管他勉强站在了第五场比赛的球场上，并且打了45分钟，但他这场的命中率实在是太低了，全场10投1中，其中三分球8投0中。

BROOKLYN
13
GRIFFIN
2
DURANT
7
8

杜兰特奉献了史诗级别的表演，他全场贡献49分，还拿到了17个篮板、10次助攻、3次抢断、2次盖帽，并在最后一节单节拿到20分率队反超，一人击垮了对手。更令人惊叹的是，杜兰特全场一分钟没歇，整整打满了48分钟。

杜兰特凭借一己之力为球队赢下了天王山之战，但这并不是一件好事。这仿佛又回到了那几年火箭队的境况，只不过当时在战斗的那个人是哈登。超级球星不是神，他们也会累，而当他们累的时候，一切都会变坏。

他们输掉了第六场。

在关键的抢七大战中，哈登又陷入了“打铁”模式，自从他受伤复出以来，状态就一直有问题。他上半场9投只有2中，幸好下半场6投3中，还命中两记三分球，才稍微让数据显得不那么难看。然而篮网队这一战的中流砥柱依然是杜兰特，当雄鹿队在最后50秒还握有4分优势的时候，杜兰特先是用一记急停跳投追了2分，然后在常规时间结束前1秒，他踩在三分线上扔进了一个球。

但凡杜兰特的脚往后挪那么半厘米，那就将是一次完美的绝杀，篮网队会晋级，或许他们能等到欧文归来，或许“三巨头”还能在这一年的季后赛里再次相聚。“但我的脚竟然踩在了线上，”杜兰特在赛后说，“我知道——我差一点儿就能终结这场比赛。”

或许是最后50秒的心情起落耗尽了杜兰特的所有精神和运气，在加时赛里，即使强如杜兰特也无法让奇迹再次发生，他在加时赛中6投0中，哈登2投0中，篮网队只能目送着密尔沃基雄鹿队晋级东部决赛，然后闯进总决赛，最终捧起总冠军奖杯。

现在连扬尼斯·阿德托昆博都是总决赛MVP了。

哈登已经快要32岁了，他的夺冠窗口还有多久？“我不知道，”哈登的沮丧几乎溢出来，“我只是想尽量做出贡献，但……我现在真的非常难过。”

改变，重新出发

JAMES HARDEN

第3章

crypto.com
Phila
1

2021年休赛期对哈登来说很不友好。

首先是NBA改变了规则，一改此前有利进攻的态度，反而开始严厉打击起了“骗犯规”的情况，对于球员刻意制造犯规的非篮球动作，一律不予吹罚。详细来说，主要是针对以下这四种行为：

第一，进攻球员以非正常角度起手投篮，并有向防守者倾斜的动作。

第二，进攻球员在进攻中偏离自己的进攻路线，开始向侧面或者后面偏移，故意与防守者制造接触。

第三，进攻球员投篮过程中以非正常角度故意向前踢腿。

第四，进攻球员利用非持球手故意拉扯防守球员。

这听上去几乎就是为了限制哈登而制定的规则，尤其是最后一项非持球手接触，即所谓的“夹臂”投篮，是哈登最爱使用的招数。作为上一个版本的“版本之子”，哈登会因为规则的改变而**一蹶不振**吗？

有些人否认，因为数据显示，其实哈登的场均罚球次数也并不如观众们

想象得那么高，而且也并不是因为他善于骗犯规——他的场均罚球次数最高数据出现在2019—2020赛季，场均能够得到11.8次罚球机会，但他同时场均也有22.3次出手，其中三分球出手次数高达12.4次；相对比的是2007—2008赛季的勒布朗·詹姆斯，他场均有21.9次出手，三分球出手次数4.8次，而罚球机会则是场均10.3次。由此可见，相比起规则而言，与罚球次数更直接相关的，其实是球员的球权使用率 。

但也有人坚持认为哈登的成功主要就来自于“哨子”的倾斜， NBA名嘴尼克·赖特甚至做出了这样的论断：“如果哈登没有罚球，他就会从MVP候选人变成普通全明星球员。”而哈登赛季开始的表现也似乎印证了这个观点，在赛季前5场比赛里，他的罚球次数分别为4次、4次、1次、3次和3次，而他的命中率也变得极为糟糕，只有35.9%，场均得到16.6分。尤其是面对有身体优势的强力防守者时，哈登的表现十分糟糕，据统计，在面对巴姆·阿德巴约、吉米·巴特勒和P.J.塔克的防守时，哈登7投0中。

不要说MVP级别了，在这个时候，他看起来甚至不再是全明星级别的球员。

哈登，还有篮网队的主教练纳什，都开始拼命地喊冤，认为遭受了裁判的不公平待遇。“我问了每一个裁判，问他们是不是看见了犯规。犯规就是犯规，在哪个联盟里它都应该是犯规，”哈登气恼地说，“有时候我都感觉自己是不是被针对了，只要我踏上球场，我就不该得到罚球？”

不知道是不是抱怨产生了作用，或者是哈登找回了自己的节奏，就在媒体一片唱衰他的声音中，哈登开始恢复状态。10月29日，篮网队主场迎战印第安纳步行者队，哈登只出手了11次，命中5球，却拿到了19次罚球，他因此得到了29分，成为全队得分最高的人，帮助球队获得比赛胜利。赛后，有好事的媒体把这场比赛中别人对他的每一个犯规都进行了详细解析，并得出结论：这些犯规吹罚非常公正，哈登并不是靠着“骗犯规”或是“明星哨”走上罚球线的。

然而，哈登更大的烦恼还没有解决。

由于疫情的发展和防控理念的不断更新，许多地区开始推行“疫苗绿卡”的概念，而纽约市干脆出台了号称“史上最严”的政策，要求进入任何餐馆或者健身房时都必须出示疫苗接种证明，不打疫苗就不能进餐馆或者健身房，而任何在纽约市内进行经营活动的、雇员超过100人的私营企业员工也都必须接种疫苗才能工作。

布鲁克林在纽约，因此布鲁克林篮网队的球员当然也算是纽约市的私营企业员工。

篮网队老板完全不能理解欧文拒打疫苗的决定，但也只能尊重他的信仰，并且让管理层提醒他，他每缺席一场比赛，都要面临38.1万美元的薪金损失。篮网队管理层甚至强硬地宣布，在欧文接种疫苗之前，他连客场比赛都不能打——不仅仅是纽约市要求的主场比赛。篮网队总经理肖恩·马克斯说：“让欧文兼职只打几场比赛不是我们的选择，我尊重他的权利和个人选择，但作为团队的一部分，他这样很难融入，如果他没有为整个赛季做好准备，他将

无法与球队一起训练和比赛。”

然而欧文却不为所动。

篮网队三巨头折损了一名战将，欧文因此缺席了篮网队2021—2022赛季的前35场比赛，而哈登和杜兰特则被迫扛起球队的“大梁”。在这35场比赛中，剩下的两个“巨头”几乎垄断了每一场比赛的全队得分与助攻头名，以及将近一半场次的队内篮板王。

杜兰特显示出了前所未有的冷静，他认真履行着领袖的职责，他与欧文通过视频聊天保持联系，让欧文保持对球队的参与感，而欧文会在输掉比赛以后说：“如果我跟你们在一起的话，我们肯定能赢。”篮网队主帅纳什表扬了杜兰特的做法：“这对我们来说很重要，凯文一直很冷静。”

但哈登却一点也冷静不起来。即使篮网队已经放开了限制，在2022年初开始允许欧文参加客场比赛，他也依然冷静不起来。尤其是杜兰特在一月中旬扭伤了脚踝，而欧文只能作为“兼职球员”有一场没一场地打着，同时篮网队的战绩一路从东部第一滑到了季后赛边缘，在这样的情况下，哈登简直要发疯了。

当哈登来到布鲁克林的时候，他以为自己要加入的是一支超级球队，他们会像凯尔特人队三巨头、热火队三巨头或是杜兰特前几年所在的勇士队那样的超级球队，所以他在想要离开火箭队的时候才选择了这里——事实上他本来更想去的地方是费城，那里的总经理是老熟人，而且恩比德也确实是一个不错的搭档人选。

但布鲁克林有杜兰特，也有欧文，他们每个人之间都是朋友。2021年夏天，哈登还跟杜兰特去了希腊旅游，在那里哈登跟杜兰特保证了两次，“是的，哈登会留在篮网队”“是的，等现在这份合同结束以后哈登肯定会续约”。尽管篮网队的2020—2021赛季远远称不上成功，但哈登愿意相信那只是命运的玩笑，因为他们总是遇到伤病（包括他本人），而一旦他们阵容齐整，他们就能打出漂亮而威力十足的团队篮球。对于上个赛季的篮网队，曾经有联盟人士评价说：“他们所有人相处融洽，这一点确实很难得。”

但是2021—2022赛季的情况完全变了，首先欧文上不了场的理由在哈登看来完全不可理喻，然后杜兰特还受伤了，而哈登自己的小伤小病也在被迫单独带队的压力下不断恶化。更要命的是，由于欧文变成了“兼职球员”，球队的战术需要频繁做出巨大的调整……这一切都让哈登无法忍受 。

1月14日，哈登说：“如果可以的话，他甚至愿意押着欧文然后亲自给他打一针。”当时大家都以为他在开玩笑，但从后来的情况来看，他的话至少有一半是真心的。

杜兰特后来说他理解哈登的挫败感：“欧文打不了比赛，而我又受伤了，而且哈登从来没有拿过总冠军。”言下之意，已经至少有一个总冠军奖杯在手的他自己和欧文都不会如此焦虑，只有哈登还没有登上过最高的领奖台，只有哈登还需要担心正在关闭的夺冠窗口，计算自己还剩下多少时间。

杜兰特跟哈登一起长大，在二十出头无忧无虑的年纪里，他们在俄克拉荷马一起许下宏大的愿望。但他们分开得太久了，在分开的时间里，当哈登经

历着一次又一次失望的时候，杜兰特已经实现了他们当年的愿望。

杜兰特现在的态度甚至有些无所谓了。所以欧文不能打，他会感觉难过吗？当然会，但他已经学会了不要太在乎别人的事情：“我甚至没问他为什么，我认为这不是别人能够议论的事情，所以我只能准备好应对一切可能出现的情况，这就是我的态度。”

杜兰特可以无所谓，但哈登不可以。从哈登的角度来看，他甚至可能认为杜兰特在他和欧文之间选择了后者，其实这也是很正常的事情，毕竟在哈登和杜兰特分开的漫长岁月里，大家都知道杜兰特和欧文成了非常好的朋友——哈登和杜兰特能重新团聚在一起，甚至都有欧文在其中穿针引线。

于是哈登想起了他原本想去的地方——费城76人队。

此时，76人队的本·西蒙斯已经跟球队彻底闹翻，他甚至拒绝去球队报到，这也让他整个赛季都没有上场。

2022年2月10日，在交易截止前90分钟左右，布鲁克林篮网队宣布：将哈登和保罗·米尔萨普交易到费城76人队，换回西蒙斯、塞斯·库里、安德烈·德拉蒙德，并拿到两个首轮秀。

这一天，距离哈登来到布鲁克林只有一年出头。十三个月以前，篮网队几乎是倾尽所有迎来了哈登，他们送走了贾勒特·阿伦，送走了卡里斯·勒夫特，牺牲了所有的板凳深度和未来七个首轮选秀权，就为了把哈登带来纽约，带来布鲁克林，跟杜兰特和欧文组成三巨头 。

但所有的这一切只换来了2020—2021赛季的季后赛第二轮出局，以及在连败中几乎要滑向“乐透区”的2021—2022赛季，十三个月以来，三巨头一共只在场上同时打了16场比赛。

人生一场大梦。

讽刺的是，在哈登离开布鲁克林篮网队之后的一个月，纽约新市长宣布给包括欧文在内的职业球员颁发了疫苗豁免许可，欧文现在可以回到“全职”状态了。而另一方面，哈登在篮网队最后的消极状态，加上一年前他在火箭队最后几场的情形，使他的名声也受到了极大的耗损，甚至有消息传出，联盟正

PHILA
21

在考虑出台政策惩罚这种行为。

但这些现在都不在哈登的考虑范围了。

他现在的新家在费城，他的新搭档是恩比德，而他的到来，将解决76人队许多老问题——除了短暂的吉米·巴特勒时代以外，恩比德从来没有搭档过一个能够自主创造投篮机会的明星球员，所以在以往的季后赛里，只要76人队的快攻跑不起来，又或者他们没法把球传给恩比德的时候，他们的进攻就会卡壳。而哈登恰恰是这个世界上最会单打的球员之一。

又一个新的起点，又一次新的希望。当32岁的詹姆斯·哈登开始新的征程，那个看不见的时钟还在他的脑海里作响，计算着他还有多少时间，去实现他最重要的那个愿望。

滴答，滴答……

后记

在万花筒的世界里，宝石还算得上是宝石吗？

在这里，彩纸碎片会绽放出奇异的花朵，纤细丝线能变化为跳跃的舞者，马鬃鸟羽可编织成富丽的唐卡。那么，万花筒里的宝石其实看起来并不比那些彩纸、碎玻璃、上过油的沙砾或贝壳漂亮多少——它真的具有那样高的价值吗？

我们还记得詹姆斯·哈登最初的模样，那个两颊光滑的阳光魔鬼队后卫，在选秀日快要临近的时候开始蓄起他的胡子；我们也还记得雷霆队选中他，那支仿佛能够乘风破浪的青年军一路杀到了总决赛，却最终未能实现理想；我们还记得他刚刚抵达休斯敦时，一个球员代表告诉火箭队总经理："最好让他找个像样的经纪人，快把他脸上那东西给剃了，否则他这辈子都接不到广告。"然而"胡子"最终成了哈登的代名词，他一度成为全美文娱界的中心，而他的代言合约总额达到数亿美元。

哈登说，他不愿意被这些标签所定义，他反复强调自己不希望被场外的事情打扰。他说，他和科勒·卡戴珊的主要分歧就出在这里，他不希望自己恋情的每一步发展天天都能登上八卦小报的头条，但卡戴珊从来都不是一个低调的人。然而真实的他究竟是怎样的呢？是那个愿意在第六人位置上发挥巨大作用，帮助球队杀进总决赛的人？是那个在总决赛失利后为了追逐金钱和星光离开俄克拉荷马城的人？是那个孤身一人扛着火箭队打破季后赛魔咒，被总经理盛誉为"不输乔丹"的超级MVP？还是那个享受了顶级巨星待遇，却与每一个搭档争吵分开的“自私鬼”？

万花筒里的宝石，究竟是何种模样？这个问题不会有答案，直到它不再吸引人们的目光，被新的宝石取代，然后离开万花筒的世界。在最终的那一刻到来之前，宝石只会在多重反射下呈现出奇诡瑰丽的图样。

至少，詹姆斯·哈登确实是一颗宝石，数据证实了他的能力，即便有再多人质疑他因为规则、“明星哨”、恋爱和媒体关注而获得了名不副实的名气和荣誉，但纵观他的职业生涯，他的三连得分王成就值得被赞颂，他的后撤步跳投值得被铭记，他曾经带给休斯敦火箭队的巨大快乐与希望都是真的，哪怕是他的职业生涯现在结束，他至少也是一个埃尔金·贝勒级别的传奇球员。

但他想要的不仅仅是这些，哈登总是说，他想要成为NBA历史上最伟大的球员之一，他想要被历史铭记，他敬佩乔丹、张伯伦和科比，并渴望成为那样的不朽传奇。

现在，詹姆斯·哈登已经32岁了，他的夺冠窗口正在关闭，他已经换过很多搭档、很多体系和很多教练，最近也换过不少城市，但他距离至高荣誉最近的那次却还是2012年在雷霆队当球队第六人的时候。从俄克拉荷马到休斯敦，从布鲁克林到费城，他不得不面对舆论的攻讦，但或许更可怕的是，现在关于他的舆论声量正在变小。这个万花筒世界里随时有更新鲜、更漂亮的宝石加入，而哈登已经开始变老，他不再像以前一样闪耀，人们对他的期待随着新鲜感一同褪去。

留给他的时间，就只在万花筒停止旋转之前。

ROKiT
火箭
13

附录

生涯数据
JAMES HARDEN

crypto.com
Phila
1
76ers

常规赛场均数据

赛季	球队	出场场次	首发次数	出场时间	命中率
2009—2010	雷霆队	76	0	22.9	40.3%
2010—2011	雷霆队	82	5	26.7	43.6%
2011—2012	雷霆队	62	2	31.4	49.1%
2012—2013	火箭队	78	78	38.3	43.8%
2013—2014	火箭队	73	73	38.0	45.6%
2014—2015	火箭队	81	81	36.8	44.0%
2015—2016	火箭队	82	82	38.1	43.9%
2016—2017	火箭队	81	81	36.4	44.0%
2017—2018	火箭队	72	72	35.4	44.9%
2018—2019	火箭队	78	78	36.8	44.2%
2019—2020	火箭队	68	68	36.5	44.4%
2020—2021	火箭队	8	8	36.3	44.4%
2020—2021	篮网队	36	35	36.6	47.1%
2021—2022	篮网队	44	44	37.0	41.4%
2021—2022	76人队	21	21	37.7	40.2%
生涯数据		863	728	34.6	44.2%

三分球命中率	篮板	助攻	抢断	盖帽	得分
37.5%	3.2	1.8	1.1	0.3	9.9
34.9%	3.1	2.1	1.1	0.3	12.2
39.0%	4.1	3.7	1.0	0.2	16.8
36.8%	4.9	5.8	1.8	0.5	25.9
36.6%	4.7	6.1	1.6	0.4	25.4
37.5%	5.7	7.0	1.9	0.7	27.4
35.9%	6.1	7.5	1.7	0.6	29.0
34.7%	8.1	11.2	1.5	0.5	29.1
36.7%	5.4	8.8	1.8	0.7	30.4
36.8%	6.6	7.5	2.0	0.7	36.1
35.5%	6.6	7.5	1.8	0.9	34.3
34.7%	5.1	10.4	0.9	0.8	24.8
36.6%	8.5	10.3	1.3	0.8	24.6
33.2%	8.0	10.2	1.3	0.7	22.5
32.6%	7.1	10.5	1.2	0.2	21.0
36.1%	5.6	6.8	1.5	0.5	24.9

注：本书数据截至2021—2022赛季

季后赛场均数据

赛季	球队	出场场次	首发次数	出场时间	命中率
2009—2010	雷霆队	6	0	20.0	38.7%
2010—2011	雷霆队	17	0	31.6	47.5%
2011—2012	雷霆队	20	0	31.5	43.5%
2012—2013	火箭队	6	6	40.5	39.1%
2013—2014	火箭队	6	6	43.8	37.6%
2014—2015	火箭队	17	17	37.4	43.9%
2015—2016	火箭队	5	5	38.6	41.0%
2016—2017	火箭队	11	11	37.0	41.3%
2017—2018	火箭队	17	17	36.5	41.0%
2018—2019	火箭队	11	11	38.5	41.3%
2019—2020	火箭队	12	12	37.3	47.8%
2020—2021	篮网队	9	9	35.8	47.2%
2021—2022	76人队	12	12	39.9	40.5%
生涯数据		149	106	36.0	42.3%

三分球命中率	篮板	助攻	抢断	盖帽	得分
37.5%	2.5	1.8	1.0	0.2	7.7
30.3%	5.4	3.6	1.2	0.8	13
41.0%	5.1	3.4	1.6	0.1	16.3
34.1%	6.7	4.5	2.0	1.0	26.3
29.6%	4.7	5.8	2.0	0.2	26.8
38.3%	5.7	7.5	1.6	0.4	27.2
31.0%	5.2	7.6	2.4	0.2	26.6
27.8%	5.5	8.5	1.9	0.5	28.5
29.9%	5.2	6.8	2.2	0.6	28.6
35.0%	6.9	6.6	2.2	0.9	31.6
33.3%	5.6	7.7	1.5	0.8	29.6
36.4%	6.3	8.6	1.7	0.7	20.2
36.8%	5.7	8.6	0.8	0.7	18.6
33.9%	5.4	6.2	1.7	0.5	23.2

注：本书数据截至2021—2022赛季

全明星赛数据

赛季	球队	出场情况	命中率	篮板	助攻	抢断	盖帽	得分
2012—2013	火箭队	替补	46.2%	6	3	0	0	15
2013—2014	火箭队	首发	42.9%	1	5	1	0	8
2014—2015	火箭队	首发	68.8%	8	8	2	0	29
2015—2016	火箭队	替补	57.1%	4	3	0	0	23
2016—2017	火箭队	首发	44.4%	7	12	0	0	12
2017—2018	火箭队	首发	26.3%	7	8	1	1	12
2018—2019	火箭队	首发	30.8%	4	3	1	0	12
2019—2020	火箭队	首发	33.3%	3	6	1	2	11
2020—2021	篮网队	替补	50.0%	2	4	1	0	21
2021—2022	76人队	缺阵						

注：本书数据截至2021—2022赛季

KIA
ALL-STAR

生涯荣誉

JAMES HARDEN

获奖时间	奖项名称
2022年	2022年全明星替补阵容
2021年	NBA历史75大球星
2021年	2021年全明星替补阵容
2021年	周最佳球员2次、月最佳球员2次
2020年	2019—2020赛季最佳阵容第一阵容
2020年	2020年全明星首发阵容
2019年	2019年全明星首发阵容
2019年	周最佳球员4次、月最佳球员3次
2018年	2017—2018赛季常规赛MVP
2018年	2017—2018赛季常规赛得分王
2018年	2017—2018赛季最佳阵容第一阵容
2018年	2017—2018赛季最难防守奖
2018年	2018年全明星首发阵容
2018年	周最佳球员4次、月最佳球员1次
2017年	2016—2017赛季最佳阵容第一阵容
2017年	2016—2017赛季常规赛助攻王
2017年	2017年全明星首发阵容

获奖时间	奖项名称
2017年	周最佳球员5次、月最佳球员1次
2016年	2016年全明星替补阵容
2016年	周最佳球员2次、月最佳球员2次
2015年	2014—2015赛季最佳阵容第一阵容
2015年	2015年全明星替补阵容
2015年	周最佳球员2次、月最佳球员1次
2014年	2013—2014赛季最佳阵容第一阵容
2014年	西班牙男篮世界杯冠军
2014年	2014年全明星首发阵容
2014年	周最佳球员4次、月最佳球员1次
2013年	2012—2013赛季最佳阵容第三阵容
2013年	2013年全明星替补阵容
2013年	周最佳球员2次
2012年	2011—2012赛季最佳第六人
2012年	伦敦奥运会男子篮球冠军
2012年	周最佳球员1次
2009年	2009—2010赛季最佳新秀阵容第二阵容

巅峰战役

JAMES HARDEN

TOYOTA
ROCKETS
42
ROCKETS
13

HOUSTON
13

1 60+ 三双独一无二

三双难，高分三双更难，60+ 三双则是难上加难，NBA 创立至今，只出现过一次 60+ 三双，创造者是哈登。2018 年 1 月 30 日，哈登得到 60 分、10 个篮板、11 次助攻，关键时刻打四分锁定胜局，火箭队以 114 ∶ 107 击败魔术队，这也是火箭队队史首次有球员单场得分 60+。

2 狂轰 61 分再创新高

2019 年 1 月 23 日，哈登在篮球圣地麦迪逊广场花园再次创造得分神迹，上半场就拿到 36 分，全场比赛拿下 61 分，创个人 NBA 生涯得分新高，也是火箭队队史得分新纪录，火箭队以 114 ∶ 110 战胜尼克斯队。

3 制胜五连击追平纪录

追平纪录，带走胜利，这就是哈登。2019 年 3 月 22 日，火箭队遭遇马刺队，哈登上半场就砍下 37 分，当时火箭队在终场前 4 分 47 秒落后 6 分，哈登包办火箭队接下来的 5 个运动战进球，其中包括连中 3 记三分球率队扭转战局，以 111 ∶ 105 取胜，哈登全场 61 分追平 NBA 生涯与火箭队队史得分纪录。

4 三节 60 分无坚不摧

给哈登三节比赛，他能还给你 60 分！ 2019 年 12 月 30 日，哈登出战 31 分钟 24 投 16 中，三分球 14 中 8，罚球 23 中 20，收获 60 分，火箭队前三节战罢已经领先老鹰队 54 分，哈登第四节没有上场，最终火箭队以 158 ： 111 取胜。火箭队历史总计 4 场个人得分 60+，全都来自哈登。

5 神速 40+ 三双斩骑士

2019 年 1 月 11 日，火箭队以 141 ： 113 击败骑士队，哈登登场 29 分 34 秒，打出了 43 分、10 个篮板、12 次助攻的大号三双，这是 NBA 历史上仅有的一次，上场时间未超过 30 分钟，却能获得 40+ 的三双。

6 50+15+15 历史唯一

哈登是历史级的得分巨匠，也是历史级的三双大师，他拥有一些史无前例的三双成就。2016 年 12 月 31 日，哈登在火箭队 129 ： 122 击败尼克斯队的比赛中拿下 53 分、16 个篮板、17 次助攻，这是 NBA 历史第一次也是目前为止仅有的一次 50+、15+、15+ 三双。哈登通过助攻帮助队友拿到 43 分，个人得分加上助攻得分达到 96 分，成为 NBA 历史上第二位单场个人得分与助攻得分相加 90+ 的球员，第一位是威尔特 · 张伯伦。

7 背靠背 40+ 三双霸榜

2020 年 1 月 8 日，在火箭队 122 ∶ 115 击败老鹰队的比赛中，哈登贡献 41 分、10 个篮板、10 次助攻的数据，随后第二场比赛再次获得 40+ 三双。这是哈登 NBA 生涯第四次背靠背 40+ 三双，在现役背靠背 40+ 三双榜上排名第一。

8 50+ 三双新春贺岁

2017 年 1 月 27 日，火箭队对阵 76 人队，哈登得到 51 分、13 个篮板、13 次助攻，成为 NBA 历史上首位单赛季打出两次 50+ 三双的球员，火箭队以 123 ∶ 118 取得胜利。

9 百次 40+ 现役第一

2021 年 3 月 17 日，已经转会篮网队的哈登，再次迎来里程碑，他在篮网队 124 ∶ 115 击败步行者队的比赛中拿下 40 分、10 个篮板、15 次助攻，成为 NBA 历史第四位、现役唯一生涯 40+ 场次达到 100 场的球员，这是哈登第 16 次打出 40+ 三双，在 NBA 历史 40+ 三双场次榜上仅次于奥斯卡 · 罗伯特森（22 场）。

10 单枪匹马灭“宇宙勇”

你们四个一起上，我“哈某人”何惧！2019年1月3日，火箭队对阵拥有杜兰特、库里、克莱与格林的勇士队，哈登一挑四千里走单骑，得到44分、10个篮板、15次助攻。两队战至加时赛，哈登在加时赛独取11分，终场前两秒三分球准绝杀，火箭队以135 ：134获得胜利。

11 圣诞大战斩 35+ 三双

2021 年 12 月 26 日圣诞大战，篮网队在客场击败湖人队。哈登 25 投 10 中，三分球 8 中 3，罚球 17 中 13，拿到 36 分、10 个篮板、10 次助攻、3 次盖帽，成为继奥斯卡·罗伯特森后历史上第二位在圣诞大战打出 35+ 三双的球员。

12 两队 20 次三双历史第四人

2022 年 1 月 22 日，篮网队客场挑战马刺队。哈登出场 37 分钟，24 投 13 中，三分球 8 中 4，罚球 7 罚全中，得到 37 分、10 个篮板、11 次助攻的三双数据，这是哈登在篮网队生涯第 20 次砍下三双，成为 NBA 历史上第四位在两支效力的球队拿下 20 次及以上三双的球员。同时，这是哈登在篮网队第 8 次单场拿到 30+ 三双，排名队史第一。

13 完美首秀！再创历史第一

2022 年 2 月 26 日，76 人队客场挑战森林狼队。本场比赛，哈登迎来了 76 人队生涯首秀，他全场得到 27 分、8 个篮板、12 次助攻，仅 2 次失误。哈登和恩比德本场合计制造 22 次罚球。最终，76 人队以 133 ： 102 大胜森林狼队。哈登还是 NBA 历史上首位能够在三支球队的首秀中都得到至少 25 分、12 次助攻的球员。此前，哈登在火箭队的首秀得到 37 分、6 个篮板、12 次助攻，篮网队首秀拿到 32 分、12 个篮板、14 次助攻。

十大对手

JAMES HARDEN

ROCKETS
13

GOLDEN STATE
11
WARRIORS

1 科比

哈登是科比之后攻击力最强的得分后卫，没有之一，三连得分王就是最好的证明。乔丹与科比之间有着技术特点与打法风格上的传承，而哈登自成一派，实现着一种意义上的“火炬交接”。科比曾在自传中盛赞哈登天赋卓越，有着与生俱来的比赛直觉，进攻技术全面，还懂得利用身体优势。

2 韦德

韦德也是一位历史级别的分卫，与哈登是两种风格，巅峰韦德如一道闪电劈裂防守，刚猛无俦。哈登在离开雷霆队后就从飞天流改变为节奏流，借力打力，柔中带刚。哈登比韦德投射能力更强，韦德防守更佳，而且有总冠军加成，这些都是哈登奋斗的方向。

3 库里

两位球星都来自 2009 年选秀，与库里的对决见证了哈登在火箭队的辉煌与遗憾，从 2014—2015 赛季到 2018—2019 赛季，两人五年间四次在季后赛相遇，其中包括两次西部决赛（2014—2015 赛季与 2017—2018 赛季），哈登曾将火箭队带到距离总决赛仅差一胜，却咫尺天涯。

4 保罗

保罗是古典控卫，哈登是双能卫，两人都有驱动球队的能力，也有关键时刻“见血封喉”的杀伤力。哈登曾作为对手 1 ∶ 3 逆转保罗，也曾作为队友与保罗一起率领火箭队杀入西部决赛。哈登与保罗还有一个相似之处，那就是杰出的球商，这令他们成为可以提升球队上限的领军人物。

5 汤普森

现役球员中有 9 人拿过单场得分 60+，但只有一人做到上场时间不到 30 分钟就拿到 60+，那就是汤普森。哈登是持球进攻的大师，汤普森是无球攻击的典范，他们以各自的方式演绎了得分后卫的两种经典模式。

6 詹姆斯

詹姆斯定义着这个篮球时代球队领袖的成功模式，是哈登奋斗的目标。哈登与詹姆斯在季后赛两次对决，两次都成为哈登职业生涯的转折点。2011—2012 赛季总决赛，哈登效力的雷霆队输给了詹姆斯领军的热火队，哈登在休赛期被雷霆队交易到火箭队。2019—2020 赛季西部半决赛，哈登的火箭队被詹姆斯的湖人队淘汰出局，这次失利令哈登最终做出了转投篮网队联手杜兰特与欧文的决定。

7 利拉德

哈登 NBA 生涯 4 次单场 60+ 现役第一，利拉德 3 次 60+ 现役第二。惊人的得分爆发力是哈登与利拉德共同的特点，当他们进入攻击节奏，可以采用多种攻击方式连续取得分数，成为攻无不克的赛场“杀神”。哈登的“撒盐”，利拉德的“看表”，代表着当今 NBA 最杀气腾腾的气场。

8 杜兰特

哈登与杜兰特曾在雷霆队并肩作战，在哈登加盟火箭队、杜兰特投奔勇士队后，两人连续两年在季后赛对决。自 1998 年的乔丹之后，只有杜兰特与哈登三连得分王，哈登在火箭队的巅峰岁月未能跨过杜兰特的勇士队王朝，之后两人在篮网队携手，却遗憾未能如愿。

9 威斯布鲁克

哈登与威斯布鲁克曾是队友，但作为对手的他们，或许是更好的自己。2016—2017 赛季与 2017—2018 赛季，威斯布鲁克与哈登先后当选 MVP。哈登是 2016—2017 赛季助攻王，威斯布鲁克在 2017—2018 赛季与 2018—2019 赛季两连助攻王。威斯布鲁克是 2014—2015 赛季与 2016—2017 赛季的得分王，哈登则在 2017—2018 赛季至 2019—2020 赛季称霸得分榜。

10 吉诺比利

赛场上的哈登，有着吉诺比利的影子。吉诺比利后撤步与欧洲步等技巧运用得炉火纯青，利用身体接触创造得分良机的技能出神入化，打法不按套路出牌，天马行空，随机应变。吉诺比利成功地将自己别具一格的打法，融入马刺队严谨稳健的体系中，实现了双赢，让个人与团队都登上巅峰，这一点哈登也在努力。

一生之友
JAMES HARDEN

crypto.com
LAKERS
0
bibigo

crypto.com
Sixers
1
ZENNI
EYEWEAR
BULLS
11

1 佩拉

佩拉是哈登的高中教练，是他的篮球教父。刚进高中校队的哈登是一个小胖子，还患有哮喘，看上去他的天赋并不出众，但佩拉在日常的训练和队内比赛中，发现了蕴藏在哈登身上的篮球才华，并努力进行开发。哈登征战 NBA 的很多技术都是高中时期在佩拉的指导下打下基础的，比如他制造犯规的能力，佩拉当时发明了“汉堡训练法”，佩拉与哈登约定，如果一场比赛中得到 6 个以上的罚球，哈登就会获得汉堡或者比萨作为奖励。在佩拉的悉心栽培下，哈登从一位普通的篮球少年，成长为璀璨的篮球之星，他们的师徒情已经升华为一种特别的亲情。“他现在长大了，是我的朋友，也是我的家人。”佩拉说。

2 德罗赞

哈登与德罗赞都来自2009年选秀，两人相识于少年时期，在比赛中结下了深厚的友谊，哈登曾坦言德罗赞是联盟中与他关系最好的球员，德罗赞曾一度受困于抑郁症，哈登为了照顾好友，在休赛期搬到了德罗赞的家里，帮助好兄弟渡过难关。“我从 12 岁开始就和他成了好哥们，他是我最好的朋友。”德罗赞说。

3 威斯布鲁克

威斯布鲁克曾是哈登的队友，更是哈登的好友，两人的关系早已超出篮球范畴，是一起成长的伙伴。“从我 10 岁开始，我们就是朋友了，我们是一起长大的。”哈登说。

盖世神功

JAMES HARDEN

HARDEN
1

后撤步跳投

后撤步投篮并非篮球领域的新技巧，但将这项技巧用到成为必杀神技的，哈登是代表人物。后撤步跳投对于球员的控球能力、节奏把控、身体协调和投篮稳定性都有很高的要求，使用不慎甚至会弄巧成拙，而哈登却能够做到如同闲庭信步，除了天赋条件外，钻研与苦练也必不可少。

制造犯规

哈登的 NBA 生涯有 7 个赛季场均罚球次数 10+，这是他制造犯规能力的体现。制造犯规是一箭双雕的“杀招”，既可以通过罚球获得轻松得分的机会，也可以增加对手的犯规数，形成心理压力。哈登制造犯规水平高是因为他对于规则的研究十分到位，了解怎样做才能从裁判那里获得哨声。此外，哈登的节奏型打法让对方防不胜防，跟不上他的节奏变换，就容易出现犯规动作。出众的上肢尤其是手部力量让哈登制造犯规事半功倍，可以在对方采取干扰动作的时候，控制住球并完成投篮，造成可以获得罚球机会的犯规，这也是哈登罚球多的重要原因。

欧洲步

吉诺比利与韦德都是欧洲步的大师，前者如灵蛇出洞，后者如雷霆一击，而哈登另辟蹊径。哈登的欧洲步并不灵动，也无速度加成，甚至有些慢慢悠悠，但其精妙之处就在于慢中出细活。哈登总是能够准确预判对方的防守动向，利用节奏的变化创造出切入空间，结合他强壮的身体，以欧洲步踏平防线。

组织进攻

哈登是得分后卫，但他曾在2016—2017赛季成为联盟助攻王，2020—2021赛季领跑助攻榜。二号位与一号位，得分手与组织者，哈登可以自如切换、无缝对接，而且两项技能相辅相成。因为哈登单打能力强，可以吸引防守注意力为队友创造得分良机；而他卓越的传球能力，又令对手不敢轻易包夹。哈登有着非凡的比赛阅读力，无论是突破分球，还是挡拆中的传接，他都信手拈来，他是那种既可以守住球队成绩下限，又能提高球队战绩上限的建队核心。

三分暴雨

在小球时代“无三分不篮球”，哈登的远投技能火力充沛，他曾在2017—2018赛季至2019—2020赛季连续三个赛季称霸联盟三分榜，21场比赛投进至少8记三分球，排在历史第三名。一对一中的撤步远射，挡拆中的干拔远投，无球跑动利用掩护接球远程投篮，哈登无一不精，而且他还将制造犯规的能力融入三分球投射中，“3+1”对于哈登来说也是家常便饭。

NBA
NBA

詹姆斯·哈登
James Harden

绰　　号： 登哥、大胡子

出生日期： 1989 年 8 月 26 日

身　　高： 1.96 米

体　　重： 99.8 千克

毕业院校： 亚利桑那州立大学

NBA 选秀： 2009 年首轮第三顺位

效力球队： 雷霆队、火箭队、篮网队、76 人队

主要荣誉：

2017—2018 赛季常规赛 MVP

2011—2012 赛季最佳第六人

2016—2017 赛季助攻王

2017—2018 赛季得分王

2018—2019 赛季得分王

2019—2020 赛季得分王

10 次入选 NBA 全明星阵容

7 次入选 NBA 最佳阵容

2021 年入选 NBA 历史 75 大球星

2012 年伦敦奥运会男篮冠军

2014 年篮球世界杯冠军